LA VIDA DE UN REBEL VEGAN

NUTRICIÓN A BASE DE PLANTAS Y GUÍA PARA PRINCIPIANTES

TODD SINCLAIR

TRADUCCIÓN AL ESPAÑOL: DINORAH PEÑA-DURÁN

Publicado por primera vez en 2023 por Intrepid Fox Publishing Ltd

20-22 Wenlock Road
London N1 7GU

Hardback ISBN 978-1-7384055-3-4
Paperback ISBN 978-1-7384055-4-1
eISBN 978-1-7384055-5-8

RebelVeganLife.com

Diseño de portada por Wei Weiyena

Ilustraciones originales por Cathy Brear

Desarrollo de recetas por Lara Schirkhorschidi

Otras imágenes cortesía de Shutterstock

Este libro está dedicado a mis padres, Alan y Elva, que me dieron la confianza y el apoyo necesarios para salir al mundo y encontrar siempre el camino de vuelta a casa.

Regalo exclusive de agradecimiento
Para los lectores de *REBEL VEGAN*:

Descarga GRATUITA del libro electrónico

MANUAL REBEL VEGAN DE LOS 10 MEJORES SUPERALIMENTOS VEGANOS
Con consejos nutricionales y deliciosas recetas

https://rebelveganlife.ck.page/rebelvegansuperfoods

CONTENIDOS

PRÓLOGO

Las palabras "vegano" y "veganismo" entraron en el léxico en 1944. Con tanta historia, se podría pensar que una dieta basada exclusivamente en plantas y un estilo de vida libre de crueldad ya son cosa del pasado: vanguardistas, tal vez, cuando lo hacía la bisabuela, pero ahora, simplemente, el camino del mundo. Y, sin embargo, aún no hemos llegado a ese punto. Todavía necesitamos a nuestros rebeldes, y Todd Sinclair se está convirtiendo en el James Dean de su generación, con la diferencia de que este rebelde sí tiene una causa.

REBEL VEGAN es una lectura encantadora y convincente. No trata de hacer que los pre-veganos (o incluso los ex-veganos) se sientan mal consigo mismos, y sin embargo nunca vacila en su convicción de que esta forma de vida es:

- Lógica y accesible para la mayoría de los seres humanos (sin duda para ti, que lees este libro).
- Fisiológica y nutricionalmente sana
- Crucial desde el punto de vista medioambiental
- Éticamente incuestionable
- Y en consonancia con las enseñanzas de las grandes tradiciones de sabiduría del mundo, aunque no encuentres pasteles veganos en la hora de la hermandad después de la iglesia.

Cuando Sinclair escribió este libro, el momento en que lo hizo le permitió contemplar un mundo en plena agitación. El cambio climático sigue adelante, en gran medida sin disminuir. Los políticos y sus electores están tan enfrentados que no me extrañaría ver surgir una polémica sobre la existencia de la fuerza de gravedad o el color del cielo. Muchos jóvenes viven para los "likes" y se preguntan por qué la vida no parece tener mucho sentido, mientras que la mayoría de las personas mayores toman múltiples medicamentos y nunca se les ha ofrecido una alternativa de estilo de vida para prolongar su "duración de salud" y disfrutar de cada década.

Además, es muy posible que hayamos entrado en la "Era de las Epidemias", ya que nuestro uso y abuso de los animales no humanos nos convierte en presa fácil para las infecciones zoonóticas.

Podríamos abordar estos y otros muchos retos de uno en uno—creando más grupos de reflexión y formando más comités, recaudando más fondos y presentando más conferencias—o podemos adoptar la postura del rebelde: "No voy a esperar a los gobiernos ni a las empresas. Voy a hacer algo que realmente ayude, y voy a hacer que todo el mundo, en tres dimensiones o en el ciberespacio, sepa lo que estoy haciendo y por qué". Y lo que están haciendo los rebeldes es rechazar el status quo, prosperar con un estilo de vida vegano y hacer ruido al respecto.

Es una postura valiente porque lo mejora todo: para los animales, tanto humanos como no humanos, para el planeta y para el futuro.

En estas páginas, Todd Sinclair nos invita a todos a convertirnos en Veganos Rebeldes. Cambia de la noche a la mañana si ese es tu estilo, o empieza hoy y hazlo en seis meses, o en un año. Eso sí, no des marcha atrás.

Es como entrar en una de esas pasarelas móviles de los aeropuertos: vas en la dirección correcta y, en poco tiempo, estarás volando.

Victoria Moran

Autora, *Main Street Vegan*
Presentadora, Podcast *Main Street Vegan*

New York City, November 2021

victoria@mainstreetvegan.net

INTRODUCCIÓN

EL REGRESO DEL REBELDE

"En tiempos de engaño universal decir la verdad es un acto revolucionario."
George Orwell[1]

Bienvenidos a casa, compañeros rebeldes.

Aunque el veganismo se ha convertido recientemente en una palabra de moda y se está abriendo paso en la conciencia general, seguimos siendo los marginados que luchan por la verdad y la compasión dentro de un sistema cruel y poderoso. Por el simple hecho de estar aquí, en la primera página, eres parte de la solución y eres también bienvenido a nuestro movimiento para crear un futuro más amable y mejorado.

Este libro trata de celebrar, desmitificar y simplificar el veganismo para inspirar y liberar al rebelde que todos llevamos dentro. En su interior encontrarás las claves que te ayudarán a encontrar tu camino con una completa guía nutricional basada en plantas y un programa flexible de 4 pasos para reducir o excluir los productos animales de forma fácil y duradera. También comparto todos mis secretos e historias para una vida éticamente alineada y sostenible. Aquí todos somos rebeldes.

Sin embargo, ésta no es la típica guía de instrucciones, porque tú no eres un vegano más. Todos tenemos una relación única con la comida y debemos forjar nuestro propio camino hacia una vida más sostenible y saludable. Yo lo veo como un regreso a nuestro yo original, auténtico y bondadoso. Todos debemos encontrar la compasión y la verdad en nuestro interior, y este libro es un espacio seguro para explorar estos diferentes caminos y encontrar el camino de vuelta a casa. Para alinearte con tus valores y construir tu mejor vida.

Tu viaje hacia un estilo de vida más sostenible y saludable no tiene por qué ser difícil, ni debe incluir viajes de culpabilidad o restricciones. No soy la policía vegana. Prometo nunca sermonear, avergonzar o ser condescendiente. Te acompañaré en este viaje, ofreciéndote inspiración y consejos prácticos en cada paso del camino.

Esta segunda edición totalmente revisada de *LA VIDA DE UN REBEL VEGAN*: Una guía de nutrición basada en plantas se ha actualizado para reflejar los rápidos cambios de nuestra época, e incluye las últimas investigaciones y un capítulo totalmente nuevo sobre cómo nuestras elecciones dietéticas pueden ayudarnos a salvarnos a nosotros mismos y al planeta del colapso ecológico. Es crucial estar armados con los hechos, estar abiertos al cambio y estar en el lado correcto de la historia. ¡Somos rebeldes con causa!

El principio de *LA VIDA DE UN REBEL VEGAN* consiste en ampliar tus horizontes y descubrir nuevas posibilidades, no en restringirlas. Muchas personas se sienten desanimadas a la hora de adoptar un estilo de vida vegano debido a los juicios o luchas internas que, por desgracia, forman parte de cualquier movimiento. Entiendo que esto pueda hacer que algunos se alejen o se sientan escépticos. Mi objetivo es despertar y armar al rebelde interior de cada uno abriendo el espacio vegano. Estamos juntos en esto, compartiendo nuestro planeta y sus recursos. Todos son bienvenidos a mi mesa.

No podemos ignorar que nuestra dieta y nuestra salud están relacionadas. Comer carne y lácteos conlleva una mayor probabilidad de padecer obesidad, enfermedades coronarias, hipertensión, cáncer y el desarrollo de enfermedades zoonóticas.[2] Y es importante recordar que los humanos no somos carnívoros por naturaleza, sino omnívoros. Evolucionamos, sobrevivimos y prosperamos con una dieta basada principalmente en plantas. Nuestra dieta es una elección. Nuestras papilas gustativas son habituales. Cambiar nuestra dieta puede aportarnos muchos beneficios a nosotros mismos y al mundo que nos rodea.

Soy a la vez rebelde y realista. Por eso propongo una nueva forma de ser vegano. Para lograr un cambio duradero, tenemos que estar conectados entre nosotros y con nuestros valores comunes de compasión y justicia. Si podemos apoyarnos mutuamente y adoptar una vida acorde con esta ética esencial, podremos encontrar el camino de vuelta a casa y resolver muchos de los problemas a los que se enfrenta nuestro mundo actual.

Por eso, *La Vida de un Rebel Vegan* es un espacio seguro para todos, donde incluso los carnívoros conscientes son bienvenidos a sentarse y aprender de qué se trata todo este alboroto. Cualquiera que esté abierto a explorar los valores veganos puede encontrar algo que le inspire o le motive a hacer cambios positivos. Así que unámonos a la revolución compasiva.

Si vas a rebelarte, hazlo con un propósito.

"El interior de mi refrigerador solía parecer un depósito de cadáveres. Ahora es un jardín, lleno de color y vida."

REBEL VEGAN

LA FILOSOFÍA *REBEL VEGAN*

La definición oficial de "vegano" de la Vegan Society es:

"... una filosofía y forma de vida que busca excluir -en la medida de lo posible y practicable- toda forma de explotación y crueldad hacia los animales para su alimentación, vestido o cualquier otro fin; y por extensión, promueve el desarrollo y uso de alternativas libres de animales para el beneficio de los animales, los humanos y el medio ambiente.[3]"

Para muchos, esta definición puede parecer intimidante: es mucho que asumir a la vez. Por eso hay tantos detractores, ex veganos y ex vegetarianos. El veganismo se ha descrito como una dieta extrema, pero si analizamos la definición más detenidamente veremos que tiene en cuenta las circunstancias individuales y ofrece cierta flexibilidad.

En pocas palabras, el veganismo es simplemente una filosofía y un modo de vida sin crueldad. Esto no debería ser pirateado por los medios de comunicación y convertido en un culto ascético o una broma. Si te dices a ti mismo que a partir de mañana no volverás a comer pasteles, galletas o comida rápida, lo más probable es que cedas rápidamente. Lo mismo ocurre con el veganismo. He conocido a veganos que parecían haber tenido una iluminación repentina y pasaron del carnismo al veganismo de la noche a la mañana. Pero no todo el mundo puede ni debe hacerlo. Todos tenemos nuestros propios caminos, incluso cuando compartimos los mismos objetivos y el mismo destino final.

Reconozco que no hay una única manera de ser vegano. Veo el veganismo como una forma de navegar por la vida, intentando hacer lo mejor para ti y para el mundo. Puedes ser totalmente vegano o empezar como flexitariano. Hay un espectro dietético cuando se trata de comer sin crueldad, y todos estamos en él.

Aunque el lugar óptimo para ti, para los demás y para el planeta es el veganismo, es cierto que cada paso es sólo eso: un paso en la dirección correcta. Puedes recorrer el espectro a tu propio ritmo, utilizándolo como guía para progresar, en lugar de como reglas restrictivas.

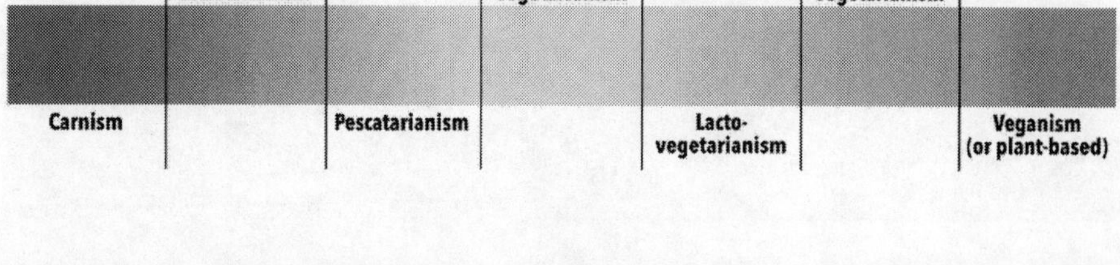

Carnism
Flexitarianism
Pescatarianism
Ovo-lacto-vegetarianism
Lacto-vegetarianism
Ovo-vegetarianism
Veganism (or plant-based)

Amarillo Daily News

AREA FINAL

Oprah vindicated

Jurors: Defendants said what they believed was true

EL VAQUERO LOCO: EL GRANJERO LECHERO DE OPRAH CONVERTIDO EN ACTIVISTA VEGANO

Recuerdo vívidamente la polémica historia que apareció por primera vez en el programa de Oprah hace unos veinticinco años. El bebé vegano latente que había en mí estaba pegado al televisor. Me detuvo en seco porque sabía que su historia podría ser la mía. El gentil granjero en el ojo del huracán podría haber sido uno de mis tíos en la granja familiar.

El "vaquero loco" de Oprah era a menudo presentado como "radical" o "extremista", y sin embargo todo lo que decía era tranquilo y racional. Me llegó al alma porque cuestionaba todo lo que yo consideraba cierto en aquel momento, pero también tenía mucho sentido.

Howard Lyman era un granjero lechero por cuarta generación y propietario de una de las mayores explotaciones ganaderas del centro del país. Saltó a los titulares en 1996 cuando desafió a la poderosa industria cárnica estadounidense en el programa de Oprah "Alimentos peligrosos: ¿Podría ocurrir aquí?", donde discutió la posibilidad de que la enfermedad de las vacas locas se diera en EE.UU., y consiguió que Oprah pronunciara las famosas palabras "Eso me deja completamente helada: no volveré a comer una hamburguesa".

Oprah fue demandada por la industria ganadera de Texas por daños y perjuicios por un total de $10 millones de dólares. Aunque finalmente salió victoriosa, fueron necesarios dos años de litigio en los que tuvo que trasladar todo su programa a Texas y, hasta la fecha, rara vez habla del tema. El programa no se ha vuelto a emitir y no se puede encontrar en YouTube. Sin embargo, convirtió en una estrella al Dr. Phil, que en realidad era el abogado litigante adjunto de Oprah. Para la mayoría de la gente, puso de relieve lo sensible que es la industria agrícola a la hora de proteger su imagen y su posición.

Howard, con sobrepeso y la presión arterial por las nubes, se hizo vegetariano en 1990 y experimentó un cambio radical en su salud. Un año después, se hizo vegano y puso patas arriba su vida y sus medios de subsistencia. Transformó su granja industrial en un santuario de vida salvaje, y desde entonces aboga por el veganismo, la agricultura ecológica y los derechos de los animales. A sus 83 años, Howard sigue activo en el movimiento vegano e inspira a las nuevas generaciones.

"Me di cuenta de que mi sustento estaba construido sobre arena. Todo en lo que había creído toda mi vida estaba en riesgo porque allí estaba yo con un negocio construido sobre la matanza de animales."

Howard Lyman

Yo era demasiado ingenuo para entender lo que Howard decía, o para desafiar mi propia disonancia cognitiva y ver más allá de mi propio condicionamiento. Pero también sentía que era un pionero y un portavoz de la verdad. Parecía tan sólido, como mis tíos, y sin embargo desafiaba el status quo y mi educación. Fue el primer *REBEL VEGAN (VEGANO REBELDE)* que conocí, alguien que me hizo cuestionar el sistema y querer descubrir la verdad.[1]

La serie *LA VIDA DE UN REBEL VEGAN* pretende informar y capacitar a los lectores para que tomen sus propias decisiones sobre su lugar en el espectro y los cambios que les gustaría hacer en sus vidas hacia una forma de ser más compasiva.

A medida que aumente tu confianza, avanzarás gradualmente en el espectro. Soy realista y sé que no vamos a cambiar el sistema alimentario actual ni a convertir el mundo en vegano de la noche a la mañana. Se trata de un proceso de largo recorrido y de transformación de la cultura dominante. Pero todos podemos formar parte de este cambio cultural y del impulso que está cobrando este movimiento. Al emprender este viaje—uniéndote a esta rebelión—estás reconociendo y dirigiendo el poder que tienes para marcar diariamente una diferencia positiva en el mundo.

Pregunta a la mayoría de los veganos de qué se arrepienten, y la respuesta es inequívoca: No haberlo hecho antes. Este estilo de vida es un medio para emanar dignidad, celebrar la compasión, promover la justicia y vivir auténticamente en consonancia con tus valores fundamentales. No debería ser radical defender estos principios y vivir una vida sin crueldad. Yo me comprometo a buscar la verdad, desmentir los mitos, y simplificar las cuestiones reales en este acalorado debate, para que te sientas plenamente capacitado e inspirado para construir tu mejor vida como *Vegano Rebelde*.

Creo que el veganismo es el futuro. Después de todo lo que hemos vivido, y con todos los retos a los que nos enfrentamos globalmente, es hora de una revolución compasiva. Y el veganismo es parte integral de ella. Puede que no resuelva todos los problemas a los que se enfrenta el mundo, pero ninguna solución está completa sin él. Sé que las generaciones futuras recordarán a los *Veganos Rebeldes* como pioneros que anunciaron los cambios necesarios para construir un mundo nuevo y valiente.

Y aunque se trata de una empresa urgente e importante, también puede ser divertida. Es una búsqueda de nuevas formas de hacer las cosas. Es atreverse a experimentar con nuevas recetas y una excusa para probar sabores desconocidos. Es la alegría que sientes cuando sabes que estás haciendo lo correcto, y la sensación de satisfacción cuando tu ética está alineada con tus acciones. Y es la sensación de pertenecer a una causa mayor y a una comunidad que lucha en el lado correcto de la historia.

Bienvenido a una revolución.

Este libro es tu hora de ruta
Para este nuevo y valiente mundo.

"Con este libro espero poner el veganismo al alcance de todos. El veganismo es de todos.

Pertenece a cualquiera que tenga compasión y sentido de la justicia.

Al igual que este libro—todos los que lleguen aquí se llevarán cosas diferentes."

1

UNA REVOLUCIÓN COMPASIVA

CÓMO CONVERTIRSE EN AGENTE DEL CAMBIO

"No veo ninguna razón por la que haya que sacrificar animales para que sirvan de dieta humana cuando hay tantos sustitutos. Al fin y al cabo, el hombre puede vivir sin carne. La compasión es el radicalismo de nuestro tiempo."

The Dalai Lama.[1]

¿Cuál es la esencia del veganismo? Hay muchas cosas, y pronto hablaremos de ellas. Pero por ahora, hagámoslo sencillo. Empecemos por lo que no es el veganismo.

El veganismo no es cruel, evasivo, carnívoro ni violento. El movimiento vegano moderno no es un culto ascético ni un sistema de creencias extremas. Es una filosofía basada en la bondad y la justicia para con el planeta, nuestros semejantes y nosotros mismos. Creo que los valores veganos son los valores que todos compartimos. Sin embargo, el veganismo no es perfecto ni una insignia de honor que da rienda suelta para criticar a los demás, sean veganos o no. El veganismo no fomenta la insensibilidad ni la hostilidad, sino todo lo contrario. El veganismo se basa en la compasión. Es un antídoto y una reacción a la injusticia, las mentiras y la brutalidad de la industria cárnica actual. Debido a este sistema alimentario descontrolado y corrupto, nuestra revolución compasiva nunca ha sido tan crucial, oportuna y urgentemente necesaria para ayudar a resolver muchos de los problemas a los que se enfrenta la humanidad.

La actual industria mundial de la carne no tiene en cuenta ni protege valores como la compasión, el respeto o la verdad. Como una de las industrias más poderosas de la historia, su fuerza motriz es el dinero: el beneficio por encima del bienestar y los ingresos por encima de la compasión.

Es preocupante que el poder de la industria cárnica se extienda más allá de los seres enjaulados en sus fábricas. Esta industria perjudica a los animales, al medio ambiente y a ti mismo sin pensárselo dos veces. Han inculcado en nuestra sociedad un sistema de violencia normalizada basado en la muerte, la enfermedad y la destrucción, y lo han llamado progreso. Es hora de rebelarse, pero necesitamos utilizar una fuerza opuesta. Nuestras armas secretas son la compasión y la justicia. Mi lema es: El conocimiento es poder. Y el poder debe usarse con compasión.

¿POR QUÉ UNA REVOLUCIÓN?

"La historia nos demuestra que las personas que acaban cambiando el mundo -los revolucionarios- están siempre chifladas, hasta que aciertan, y entonces son genios."

John Eliot[2]

La ganadería es la principal causa de extinción de especies, zonas oceánicas muertas, contaminación del agua y destrucción de hábitats. La ganadería y sus subproductos producen al menos 32,000 millones de toneladas de dióxido de carbono (CO_2) al año, es decir, el 51% de las emisiones mundiales de gases de efecto invernadero. Incluso sin combustibles fósiles, superaremos nuestro límite de 565 gigatoneladas de dióxido de carbono en el 2030, solo por la cría de animales. Además, 1,100 activistas de la tierra han sido asesinados en los últimos veinte años. Y esta estadística solo se refiere a los valientes que se han rebelado en Brasil. Y por si fuera poco, el 82% de los niños hambrientos viven en países donde se alimenta al ganado en lugar de a su gente, y luego los animales son enviados y comidos por los países occidentales más ricos, dejando que los niños mueran de hambre.[3]

¿Cómo ha permitido la humanidad que esto ocurra? ¿Cómo nos hemos hecho de la vista gorda ante todo el sufrimiento y los daños? Nuestros sistemas de producción de alimentos están causando estragos en nuestro mundo, ¿y para qué? Para obtener beneficios. La codicia sin fin ha permitido la creación y el crecimiento incontrolado de industrias que propagan el dolor y el sufrimiento y provocan oleadas de extinción en todo el planeta. No les importa alimentarnos. Si lo hicieran, tomarían los 135,000 millones de kilos de alimentos que se dan a las vacas cada día y darían parte de ellos a los seres humanos que, por cierto, sólo necesitan 21,000 millones de kilos de alimentos al día en todo el mundo.[4] Es hora de desafiar los sistemas que se han construido a nuestro alrededor. Lo que comemos nunca ha sido tan importante.

Puede resultar difícil comprender cómo nuestra dieta puede causar tanto daño y destrucción. Echemos un vistazo más de cerca a la forma en que las cosas han salido mal.

BIENESTAR ANIMAL

"Todos somos animales de este planeta. Todos somos criaturas. Y los animales no humanos experimentan sensaciones de dolor igual que nosotros."
Joaquin Phoenix

Nos educan para creer que el consumo de carne y productos lácteos es natural, incluso necesario, para nuestro bienestar. La imagen de la vida en la granja se romantiza hasta que no queda ni rastro de muerte, sangre o verdad. Basta con ver los libros infantiles ilustrados llenos de sonrientes animales de granja para darse cuenta de lo desconectados que estamos de la realidad. Conozco este conflicto moral y esta disonancia cognitiva mejor que nadie, ya que crecí en una granja lechera del este de Canadá.

Mi familia adoraba a nuestros animales. Mi padre y sus antepasados se entregaban por completo a su cuidado y bienestar. Crecí viendo a los terneros como mis compañeros. Nuestras vacas pastaban libremente por los campos durante el día y dormían en cálidas y confortables camas de heno en el granero de madera por la noche. Nuestra granja estaba más cerca de la imagen romántica de lo que está o podría estar nunca una granja industrial. Pero mi viaje de un extremo a otro del espectro dietético me ha dado perspectiva. Solo desde esta distancia puedo entender el sufrimiento, incluso en este entorno idealizado.

Mirando al pasado, puedo ver el dolor y el tormento que sufrían los animales. Aunque mi familia tenía buenas intenciones, las prácticas de la época me traumatizaban: los terneros lloraban toda la noche y el vecino arrancaba las cabezas de las gallinas con sus propias manos cada vez que una se escapaba de la jaula. Ahora me doy cuenta de cómo esto se normalizó. Me insensibilicé al maltrato que me rodeaba.

Si la humilde granja de mi familia causaba daño a los animales que se enorgullecían de criar, el daño y el terror que sufren los animales en las granjas industriales actuales—donde se les considera unidades de producto en una cadena de montaje en lugar de seres sensibles—es inimaginable. Si quieres profundizar más y comprender mejor lo que ocurre en estas granjas, consulta el capítulo cinco del primer libro de mi serie: *REBEL VEGAN Por qué es importante el veganismo*. Y para aquellos valientes buscadores de la verdad, recomiendo ver "Earthlings" narrado por Joachin Phoenix (ve nuestra sección de Recursos).

Pero ¿por qué debería importarnos el bienestar animal? No soportamos ver cómo patean a un perro, y sin embargo comemos y vestimos a otros animales sin pensarlo.

ESTE ES EL PORQUÉ.

La mayoría de nosotros desconocemos por completo de dónde proceden nuestros alimentos. Llamamos a nuestra carne "cerdo" o "ternera", pero nos da escalofríos pensar en comer "carne de cerdo" o "vaca picada". ¿Te has dado cuenta de que la industria de la cría de animales muestra imágenes de crías sonrientes detrás de vallas blancas a los pies de granjeros cariñosos, pero nunca la realidad de los horrores de las granjas industriales? ¿Sabías que muchos gobiernos occidentales incluso han introducido leyes para hacer ilegal que sus ciudadanos—nosotros—tomemos fotos o vídeos dentro de las granjas, y que el resultado de hacerlo es ¡entrar en el registro de terroristas! Tan condenatoria y alarmante es la realidad de los métodos de cría modernos que necesitan construir estos muros y mantenernos desconectados.

Y ÉSTA ES LA RAZÓN.

Los animales son seres conscientes e inteligentes con complejas necesidades sociales y emocionales que no pueden satisfacerse en una granja industrial. Sabemos que los animales sienten dolor del mismo modo que nosotros; sabemos que experimentan emociones igual que nosotros. Estudios detallados por el biólogo evolutivo y escritor Marc Bekoff (National Geographic) y la becaria postdoctoral del Museo de Historia Natural de Los Ángeles, Bree Putman, nos dicen que:

"Los mamíferos comparten el mismo sistema nervioso, neuroquímicos, percepciones y emociones, todo ello integrado en la experiencia del dolor... Los reptiles, anfibios y peces tienen la neuroanatomía necesaria para percibir el dolor y se ha demostrado que evitan los estímulos dolorosos."[5]

Si realmente sintonizamos con nosotros mismos, nos damos cuenta de que, por naturaleza, nos resistimos a infligir dolor físico o mental a otra criatura. Y lo que es más importante, en el fondo sabemos que no nos gusta cómo llega la carne a nuestro plato, tanto que ni siquiera soportamos pensar en ella. Por eso creo que a menudo se rechaza y ridiculiza a los veganos. Nuestra sola presencia puede crear malestar o tensión en algunos. Creo que nuestra elección de actuar en consonancia con nuestros valores compartidos provoca sentimientos de disonancia cognitiva en quienes han optado por alejarse de sus instintos innatos y aferrarse al status quo del sistema carnista dominante. Esa ideología violenta que nos ha engañado a todos haciéndonos creer que la dieta occidental estándar[6] es sana y natural. Mi pregunta para aquellos que sienten este malestar o disonancia, pero eligen ignorarlo y conformarse con lo que hay en su plato, es la siguiente:

Si tenemos que evitar pensar en algo para hacerlo, ¿no debería ser prueba suficiente de que algo va mal? Si no puedes soportar ver los horrores de lo que ocurre dentro de las granjas industriales, ¿es correcto consumir sus productos y esperar alimento o tranquilidad? Si algo de esto te perturba, es probable que haya llegado el momento de alimentar el alma y alinearte con tus valores fundamentales.

CÓMO EL ESPECÍEISMO Y EL CARNISMO SUSTENTAN EL TRATO QUE DAMOS A LOS ANIMALES[7]

Basta comparar el valor que damos a un perrito frente a un cerdito para comprender el concepto de especieísmo. Uno llevará una vida consentida en el seno de nuestra familia. El otro se considera un producto con fines lucrativos y será engordado y sacrificado a los seis meses, tras haber pasado su breve vida en un pequeño corral. Sin embargo, no hay nada intrínseco que separe moralmente al perro del cerdo. Los estudios científicos demuestran que los cerdos son animales muy complejos que pueden resolver rompecabezas y, de hecho, son más inteligentes que los perros. Nuestra sociedad ha creado estas distinciones morales equivocadas, y esto es el especieísmo.

El especieísmo es una forma de opresión como el racismo, y es el prejuicio o la práctica de tratar a una especie como moralmente más importante que otras especies. Creo que nuestras generaciones futuras mirarán hacia atrás y verán con horror la forma en que tratamos y consumimos a otros animales. Es una marca oscura en la humanidad y no debería existir en nuestro mundo. Es un síntoma de una sociedad completamente desconectada de una simple verdad: todos estamos conectados y somos esenciales, todos los terrícolas que compartimos este planeta, comprometidos con nuestra supervivencia.

> *"Un día será palpable lo absurdo de la creencia humana casi universal en la esclavitud de otros animales. Entonces habremos descubierto nuestras almas y seremos más dignos de compartir este planeta con ellos."*
>
> **Martin Luther King, Jr.**

En su innovador libro *"Por qué amamos a los perros, comemos cerdos y nos vestimos con productos derivados de las vacas: Una introducción al carnismo"*, la Dra. Melanie Joy introdujo por primera vez el concepto de carnismo, el sistema de creencias oculto que nos permite apoyar el uso y el consumo de productos animales.

Se basa en la suposición de que los humanos tienen dominio sobre otros animales por autoridad divina; en otras palabras, los animales están simplemente para servir a los humanos. La Dra. Joy comparó el carnismo con el patriarcado, afirmando que ambas son ideologías dominantes que rara vez se cuestionan porque son omnipresentes y, sin embargo, ni siquiera se mencionan.

"No vemos el consumo de carne como vemos el vegetarianismo, como una elección basada en premisas sobre los animales, nuestro mundo y nosotros mismos. Más bien, lo vemos como algo dado, lo "natural", como siempre han sido las cosas y como siempre serán. Comemos animales sin pensar en lo que estamos haciendo y por qué, porque el sistema de creencias que subyace a este comportamiento es invisible. Este sistema de creencias invisible es lo que yo llamo carnismo."

Dra. Melanie Joy[8]

Si has elegido este libro, es posible que ya aprecies o sientas empatía con la idea de que nuestro trato a otras especies es, de algún modo, intrínsecamente erróneo. Has reconocido que existe una desconexión, lo que yo llamo esquizofrenia moral. Tal vez reconozcas tu propia disonancia cognitiva o malestar con tu implicación en este sistema carnista violento pero tácito. Esto puede ser un despertar perturbador, ya que va en contra de nuestro condicionamiento y de todo lo que nos han dicho que es normal y natural. Pero a través de la incomodidad, crecemos y evolucionamos. Tu paso hacia una vida sin crueldad es parte de esa evolución. Como *Veganos Rebeldes* es nuestro deber desafiar la opresión y luchar por la justicia y la compasión.

EL MEDIO AMBIENTE: CIENCIA INCONVENIENTE

"Debemos cambiar nuestra dieta. El planeta no puede soportar miles de millones de consumidores de carne."
Sir David Attenborough[9]

Nuestro sistema alimentario actual simplemente no es sostenible. No porque no podamos producir suficientes alimentos, como hemos aprendido más arriba. Nuestro sistema alimentario no es sostenible porque literalmente consume todos nuestros recursos mientras destruye el planeta en el que vivimos. El gusto de la humanidad por la carne hará que nuestros hijos se queden sin hogar. La agricultura animal es uno de los principales responsables de la aceleración del cambio climático. No se trata de una afirmación inventada por Peta o un guerrero ecologista aislado. Eminentes científicos del clima llevan décadas lanzando la voz de alarma. Sus investigaciones demuestran que lo más importante que podemos hacer para frenar la crisis climática es reducir nuestra dependencia de los productos animales.[10]

Aunque el efecto de los gases de efecto invernadero puede ser natural y beneficioso, lo cierto es que la velocidad a la que aumentamos la concentración de estos gases en nuestra atmósfera está provocando el aumento de la temperatura de la Tierra. El resultado son los desastres climáticos de los que somos testigos hoy en día. Los ciclones devastaron países de todo el sur de África en el 2019. Al mismo tiempo, las inundaciones y los corrimientos de tierra obligaron a 12 millones de personas a abandonar sus hogares en India, Nepal y Bangladesh. Australia vivió en el 2020 la peor temporada de incendios forestales jamás registrada. Un huracán tras otro ha arrasado el sureste de Estados Unidos, incluido el infame huracán Ida,[11] mientras un círculo vicioso de incendios forestales abrasa el oeste.[12] Y aunque parezca que el agua es un recurso infinitamente renovable, no es así. Las sequías están dejando al Corredor Seco de América Central sin una buena temporada de cosechas por sexto año consecutivo, y las Naciones Unidas han anunciado que la civilización se quedará sin agua dulce en el año 2050 si seguimos malgastando este precioso recurso en la agricultura animal. [13] [14]

La industria no sólo desperdicia el agua, sino que la contamina irremediablemente. Los residuos de los 70,000 millones de animales criados cada año en granjas industriales para su sacrificio,[15] consistentes en bacterias resistentes a los antibióticos, hormonas, excrementos de animales, residuos de antibióticos, productos químicos, amoníaco, nitrógeno, metales pesados e incluso animales muertos, se vierten en nuestros arroyos, ríos y, finalmente, en nuestros océanos. El resultado son zonas muertas oceánicas vacías de su biodiversidad habitual. Estas zonas también suponen un riesgo para la salud humana debido a los efectos tóxicos de las mareas rojas.[16] Pero ¿por qué debería importarnos la biodiversidad del océano?

En resumen, si el océano muere... nosotros morimos.

El océano genera el cincuenta por ciento del oxígeno que respiramos. Ayuda a regular nuestro clima y es la fuerza motriz del sistema de circulación global del agua entre la tierra, el mar y la atmósfera.[17]

NUESTRA SALUD:
MENTIRAS QUE NOS DICE LA INDUSTRIA DE LA CARNE

"Todo en los alimentos trabaja en conjunto para crear salud o enfermedad."
T. Colin Campbell Del Estudio Chino[18]

La carne y los productos lácteos se han promocionado como las cumbres de una dieta sana y parte integral de nuestra supervivencia desde el establecimiento de los sistemas comerciales de producción de alimentos. Pero la verdad es que nos han engañado y mentido. Estos alimentos no son sanos; de hecho, son peligrosos. Nos provocan cáncer, enfermedades cardiacas, obesidad y diabetes.[19] Mi madre me enseñó el principio de que somos lo que comemos. Cada vez que comes, alimentas la enfermedad o la combates. Puedes consumir vitalidad y salud, o puedes consumir muerte o enfermedad. Me viene a la memoria la cita de George Bernard Shaw: "Elijo no hacer de mi cuerpo un cementerio de cadáveres putrefactos de animales muertos."[20]

La comida es mucho más que un simple combustible. Hay algo de cierto en la vieja máxima de que la comida es medicina, ya que puede favorecer o empeorar la salud. Todo depende de lo que comas. Se ha demostrado una y otra vez que la carne y los lácteos causan inflamación, enfermedades e incluso la muerte. Se ha demostrado que una dieta basada en plantas y alimentos integrales no sólo previene muchas enfermedades crónicas, sino que puede ayudar a tratar algunas afecciones, como la diabetes de tipo 2. Cada vez más, la dieta que se prescribe habitualmente para prevenir, tratar e incluso revertir estas enfermedades es una dieta basada en plantas.

RESISTENCIA A LOS ANTIBIÓTICOS:
NUESTRA SALUD FUTURA EN PELIGRO

La carne y los lácteos también provocan resistencia a los antibióticos. El Informe Mundial sobre la Resistencia a los Antimicrobianos publicado por la Organización Mundial de la Salud (OMS) afirma que la resistencia a los antimicrobianos es:

> *"...una grave amenaza generalizada [que] ya no es una predicción para el futuro, está ocurriendo ahora mismo en todas las regiones del mundo y tiene el potencial de afectar a cualquier persona, de cualquier edad, en cualquier país."*[21]

El uso indebido de enormes cantidades de antibióticos en el ganado es generalizado e incluso necesario, solo para que puedan sobrevivir a las brutales condiciones de la ganadería industrial. Se calcula que en todo el mundo el 73% de todos los antibióticos se utilizan en animales de granja, no en personas. Se ha convertido en algo rutinario, ya que permite mantener a los animales en condiciones tan atroces y antinaturales en las que normalmente las enfermedades se propagan con rapidez. A pesar de que la FDA prohibió el uso de antibióticos de importancia médica como promotores del crecimiento, la cantidad de antibióticos vendidos para animales destinados a la producción de alimentos ha ido en aumento.[22] Como resultado, estamos viendo un aumento de superbacterias resistentes a los antibióticos. Incluso nuestros antibióticos más comunes y vitales, como la penicilina, se están quedando obsoletos. Sin un cambio masivo en nuestra forma de cultivar y producir alimentos, nos dirigimos hacia otra crisis de salud internacional.

El Gobierno del Reino Unido llevó a cabo un amplio estudio en el 2019 y encontró que si no hacemos cambios en las prácticas agrícolas actuales, el número de muertes por año podría aumentar a 10 millones por año en el 2050 - esto superaría el total de muertes anuales por cáncer. Esto también tiene enormes implicaciones financieras, con un costo acumulado de 11 billones de dólares. El Banco Mundial calcula que 28 millones de personas caerían en la pobreza extrema.[23]

THE SOCIAL FACTOR:

"Si existen hombres que excluyan a cualquiera de las criaturas de Dios del cobijo de la compasión y la piedad, existirán hombres que traten de igual modo a sus semejantes."
San Francisco De Asís[24]

"En su mejor versión, el hombre es el más noble de todos los animales; separado de la ley y la justicia es el peor."
Aristotle[25]

Esta es la razón menos conocida para cambiar de dieta y rebelarse contra el sistema alimentario actual. Sin embargo, por poco que lo reconozcamos, la producción de carne influye enormemente en nuestra cultura y en el funcionamiento de la sociedad. Por ejemplo, la industria de la ganadería es uno de los factores que contribuyen a la desigualdad social. La industria proporciona empleos, pero el trato que reciben sus empleados es comparable a la esclavitud moderna. El trabajo es traumatizante, explotador, peligroso y muy mal pagado. ¿Y a quién da esos empleos la industria? A menudo son indigentes, pobres e inmigrantes ilegales que no tienen voz, acceso a la atención sanitaria ni oportunidades de progreso. Están atrapados en este sistema de explotación.

Las personas que viven cerca de los mataderos y las granjas industriales también sufren involuntariamente por nuestras elecciones alimentarias. Tienen que soportar aire contaminado con neurotoxinas y sustancias químicas que provocan afecciones respiratorias e incluso partículas de heces.[26] Las indeseables condiciones de vida creadas por estas operaciones industriales a menudo hacen que se ubiquen en comunidades empobrecidas donde la gente no tiene recursos para luchar. No pueden permitirse luchar, no pueden permitirse abandonar el lugar y, desde luego, no pueden permitirse tratar las cargas para su salud que se les imponen a ellos y a sus familias.

Si te importan la igualdad y la justicia, entonces te importan los valores veganos.

COVID Y VEGANISMO:

"Ahora importa más lo que comemos."
Revista Médica Británica

Puede que al principio cueste verlo, pero la reciente pandemia y el consumo de productos animales están íntimamente entrelazados. Covid ha expuesto los viejos sistemas como peligrosos y ha puesto de relieve la urgente necesidad de valores veganos. Y una vez que se ve, no se puede dejar de ver.

El cierre de restaurantes y la escasez de productos en los supermercados nos han dado la oportunidad de hacer una pausa, reflexionar y prepararnos para lo que se ha dado en llamar la "nueva normalidad". Cada vez somos más los que nos damos cuenta de que no queremos volver a nuestras costumbres insostenibles o poco saludables, cuyos efectos son ahora más evidentes que nunca. Reconocemos que tenemos que avanzar de una forma más consciente, para evitar que esto vuelva a ocurrir.

Covid ha puesto de relieve lo esencial que es nuestra dieta para determinar nuestra salud. Las brutales estadísticas han demostrado que las personas con hipertensión, cardiopatías, diabetes y obesidad tienen un riesgo mucho mayor de mortalidad relacionada con Covid. Sabemos que nuestra dieta occidental estándar es un factor enorme en el desarrollo de estas enfermedades. También sabemos que los alimentos integrales, las dietas basadas en plantas reducen el riesgo de todas estas condiciones de salud, lo que significa que cambiar la forma en que comemos nunca ha sido más crítico.

Más allá de reconocer la gravedad de las crisis en materia de salud a las que nos enfrentamos tanto nosotros como nuestro planeta, reconocimos la necesidad no solo de prepararnos para futuras pandemias, sino también de prevenirlas. Poner fin a la explotación de los animales, y a nuestra íntima interacción con la fauna salvaje y los animales maltratados en granjas industriales a través de un estilo de vida basado en las plantas, es una de las mayores acciones que podemos tomar para protegernos contra futuras pandemias.

Los animales de las granjas industriales, las granjas domésticas y los mercados de animales salvajes viven en condiciones espeluznantes. Investigadores de The Independent encontraron animales viviendo en corrales con cadáveres en avanzado estado de putrefacción, y contenedores rebosantes de cadáveres de animales cubiertos de larvas. No se trata de incidentes aislados, sino de una parte normal de estas operaciones. Estas condiciones favorecen la transmisión de virus entre las distintas especies y los seres humanos, y podrían provocar otra pandemia similar a la de covid.[27]

Tres de cada cuatro enfermedades infecciosas emergentes proceden de los animales. Todas las pandemias de la historia de la humanidad se han debido al maltrato de los animales. Cincuenta y seis enfermedades zoonóticas son responsables de unos 2,500 millones de casos de enfermedades humanas y de 2.7 millones de muertes al año.[28] Hemos tenido relativa suerte de que Covid no fuera más infeccioso o mortal.

Esto nos ha dado una oportunidad decisiva para replantearnos nuestra producción de alimentos y cambiar nuestro comportamiento. Tenemos que aprender estas duras lecciones. Si no lo hacemos, la próxima pandemia podría ser mucho peor. Y sin un cambio fundamental en el trato a los animales, no es una cuestión de "si acaso...", sino de "cuándo".

Si queremos proteger nuestra salud, tanto individual como global, debemos cambiar hacia una dieta que refuerce nuestro sistema inmunitario y, al mismo tiempo, reduzca la presión sobre el planeta.

A menudo digo que el problema está en nuestro plato. Por suerte, también lo está la solución.

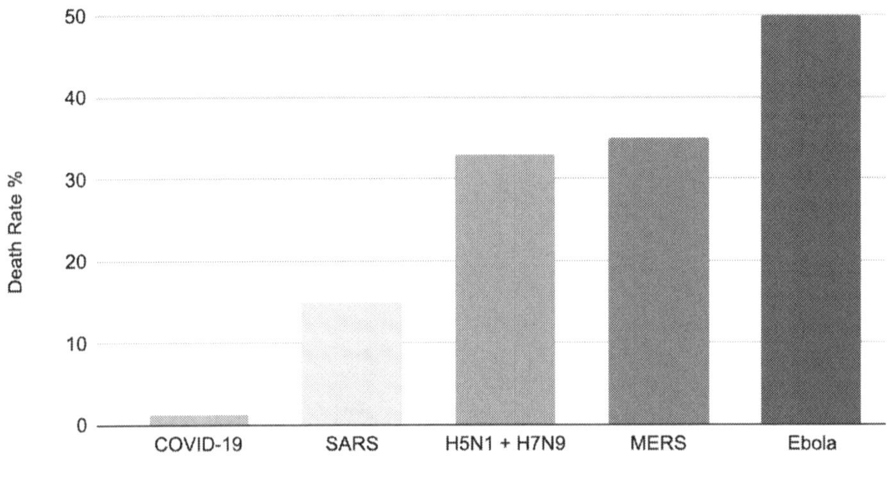

¿POR DÓNDE EMPEZAMOS?

Con la acumulación de datos científicos y advertencias, resulta obvio que nuestra dieta y nuestra relación con la carne deben cambiar. Es una parte integral de la protección de nuestro futuro. Si eres como yo, a estas alturas la voz en tu cabeza probablemente esté gritando:

"¿Pero qué puedo hacer?"

Sé que me sentí así cuando conocí la verdad sobre la industria animal. Me enfurecí. Me sentí engañado y despreciado. No quería tener nada que ver con un sistema basado en la violencia y la desigualdad. Era hora de rebelarse y luchar por un mundo nuevo.

Podemos protestar, podemos educar, podemos luchar a través de la legislación—y deberíamos hacerlo. Pero hay algo que cada persona puede hacer cada día. Cada día, puedes salvar 1,100 galones de agua, cuarenta y cinco libras de grano, treinta pies cuadrados de tierra boscosa, veinte libras de CO_2 en la atmósfera, y la vida de un animal... Simplemente eligiendo la compasión, simplemente haciéndote vegano.[29]

REBEL VEGAN es un grito en pro de una nueva relación respetuosa con los demás animales, con el planeta y con nosotros mismos. A lo largo de las páginas de este libro, te ayudaré a dar pasos hacia cambios positivos. Mi objetivo es proporcionarte todo lo que necesitas para crear tu propia revolución compasiva.

PREPÁRATE PARA VEGANIZAR TU MUNDO, UN PASO A LA VEZ.

B
12
K
V
C

2

VEGANOMETRÍA

UN MANUAL DE SALUD BASADO EN LAS PLANTAS

"La industria de la carne de vacuno ha contribuido a más muertes de estadounidenses que todas las guerras de este siglo, todos los desastres naturales y todos los accidentes automovilísticos juntos. Si la carne de vacuno es tu idea de "comida de verdad para gente de verdad", será mejor que vivas cerca de un buen hospital."

Dr. Neal D. Barnard[1]

"La dieta más ética resulta ser la más respetuosa con el medio ambiente y también la más saludable."

Dr. Michael Greger[2]

Abróchense los cinturones.

Esto puede sorprenderte, puede perturbarte, ya que pone patas arriba el modelo de dieta aceptado desde hace mucho tiempo. Según científicos médicos de la Universidad de Harvard, la cantidad óptima de carne para una dieta sana es... **precisamente cero.**[3]

Los datos científicos sobre nuestra dieta actual están ahí. Es abrumadora e inequívoca. La principal causa de muerte prematura y discapacidad en Estados Unidos es la dieta estándar estadounidense (u occidental).[4] Esta aleccionadora estadística es el resultado del mayor estudio jamás realizado sobre factores de riesgo de enfermedad (el Global Burden of Disease Study), que examinó las muertes y sus causas entre 1990 y 2016.[5]

Aunque su lectura es sombría—después de todo, el estudio concluye que nos hemos estado enfermando con cada bocado— también ofrece esperanza. Porque si nuestra forma actual de comer tiene el poder de enfermarnos, también tiene el poder de curarnos. Si convertimos nuestra dieta en vegana, podremos vivir más y mejor... y ser más respetuosos con el medio ambiente y los animales.

Para que tu cambio hacia el veganismo tenga éxito, necesitas las herramientas y la información que respalden tu decisión y un nuevo modo de vida. Si actualmente sigues la dieta occidental estándar—en la que tus comidas se basan en carne, lácteos y huevos—eliminar simplemente los productos animales de tu plato probablemente te dejará sin suficientes calorías o nutrientes.

Por eso, muchas personas que intentan seguir una dieta vegana vuelven a comer carne, y citan el cansancio y el hambre como principales razones. Comprender en qué consiste una dieta vegetal sana y equilibrada te ayudará a darle a tu cuerpo todo lo que necesita para prosperar. Así pues, este capítulo te dará esa información para que puedas empezar a hacer la transición a una dieta basada en las plantas de forma sostenible y con éxito.

Uno de los argumentos más antiguos contra el veganismo es la amenaza de la desnutrición. El estereotipo del vegano pálido y delgado que se alimenta alegremente de col rizada, lentejas y arroz integral para toda la eternidad sigue presente en muchas mentes. La primera pregunta que probablemente te hayan hecho si le has dicho a alguien que te vas a hacer vegano es "¿pero de dónde vas a sacar las proteínas, el calcio y la B12?"

Es gracioso, ¿verdad? Cómo todo el mundo se convierte en un experto, y personas que antes se despreocupaban de cualquier aspecto de tu dieta de repente se convierten en nutricionistas cuando se enteran de que eres vegano. Bueno, no te preocupes, ¡puedes encontrar todos los nutrientes que tu cuerpo necesita en las plantas! Y una vez que hayas terminado de leer esto, serás capaz de desmentir cualquiera de los mitos sobre nutrición vegana que te puedan lanzar.

Antes de empezar, quiero explorar y desmitificar la cualidad mágica que parece rodear a la carne y los lácteos. Luego, nos adentraremos en los macro y micronutrientes que necesitas para la salud, y dónde puedes encontrarlos. Además, veremos cómo el veganismo puede ayudarte a alcanzar tu peso corporal ideal sin contar calorías.

¿POR QUÉ SE PROMOCIONA LA CARNE COMO PARTE DE UNA DIETA SANA?

"Colectivamente, los medios de comunicación; las industrias cárnica, petrolera y láctea; y nuestro propio gobierno no están presentando consejos precisos sobre la forma más saludable de comer."

Dr. Caldwell Esselstyn[6]

Si la ciencia nos dice que la alimentación basada en plantas es la opción más saludable, mientras que la carne y los lácteos contribuyen a la enfermedad, ¿por qué sigue habiendo una reacción tan fuerte y escepticismo en torno a este tema? Resulta que esta confusión se debe a un plan diseñado y no a un accidente.

No es la primera vez que poderosas industrias intentan engañarnos. Hace cincuenta años, la industria tabaquera utilizaba a atletas, médicos y soldados como portavoces para promocionar sus productos. Algunos de sus anuncios se dirigían incluso a mujeres embarazadas (como los cigarrillos Nico Time: "El suave sabor que apetece a las embarazadas"). Entre los reclamos figuraba la promesa de que fumar podía calmar la garganta irritada, disminuir la tos y mejorar el control del apetito.[7]

Cuando empezaron a conocerse las consecuencias nocivas del tabaco, la industria tabacalera financió sus propios estudios para desmentir cualquier efecto negativo, al tiempo que "probaba" que fumar no causaba realmente cáncer.[8]

Hoy en día, nos reiríamos si alguien intentara decirnos que fumar es bueno para el organismo. La marea también está cambiando en nuestras dietas.

La industria agrícola, las grandes empresas alimentarias y los establecimientos de comida rápida utilizan las mismas estrategias que la industria tabacalera durante décadas para confundir al público sobre los peligros de sus productos. Respaldadas por miles de millones de dólares en beneficios y subvenciones públicas, estas industrias pueden financiar estudios engañosos, influir en los políticos, utilizar a personajes famosos para promocionar sus productos y lanzar ingeniosas campañas de marketing diseñadas para mantener mal informadas a las masas. Es más, sus estrechos vínculos con los gobiernos hacen que determinados alimentos sigan figurando en las directrices nutricionales nacionales, a pesar de que estudios independientes demuestran que estos alimentos causan enfermedades y muerte prematura.

Voy a dar un ejemplo para ilustrar esto, pero si desea profundizar en el turbio mundo de las subvenciones a la agricultura industrial y la corrupción, diríjase al capítulo 3 del libro complementario, *LA VIDA DE UN REBEL VEGAN: ¿Por qué es importante el veganismo?*

En el año 2015, la Organización Mundial de la Salud (OMS) y el Centro Internacional de Investigaciones sobre el Cáncer (CIIC) publicaron un informe sobre la carne y el cáncer. Examinaron más de 800 estudios epidemiológicos y concluyeron que consumir carne supone una amenaza cancerígena para el ser humano. Tanto es así que la carne roja se clasificó como carcinógeno del Grupo 2A ("probablemente carcinógeno para el ser humano") y la carne procesada como carcinógeno del Grupo 1 ("carcinógeno para el ser humano).[9] A modo de comparación, el tabaco y el amianto son carcinógenos del Grupo 1. Ahora bien, cabría esperar que los gobiernos tomaran esta información y actuaran en consecuencia, por ejemplo, publicando unas directrices nutricionales que ayuden a la gente a reducir su consumo de productos animales.

Otra estrategia lógica sería dejar de hacer publicidad de la carne y los productos lácteos, o poner advertencias sanitarias en los envases de la comida rápida, como se ha hecho con los cigarrillos. Nada de eso ha ocurrido. De hecho, las directrices de nutrición de EE.UU. no han cambiado prácticamente en 15 años y siguen recomendando una ingesta diaria de carne y lácteos.[10]

Está claro que depende de nosotros investigar, desafiar el status quo y hacer los cambios necesarios para crear un futuro justo y sostenible. En eso consiste ser un *REBEL VEGAN*.

LOS PELIGROS DE LA CARNE, LOS LÁCTEOS Y EL MARISCO

"La dieta más ética resulta ser la más respetuosa con el medio ambiente y también la más saludable."

Dr. Michael Greger[11]

La narrativa aceptada y el sistema de creencias arraigado son que los productos animales son esenciales para tener músculos atléticos, huesos fuertes y un cerebro sano. Pero aunque la carne y los productos lácteos se siguen promocionando como alimentos beneficiosos para la salud, la realidad es muy distinta... Sí, contienen proteínas, vitamina B12 y hierro hémico, pero también grasas saturadas, colesterol y residuos químicos de medicamentos y alimentos para animales.

Estas aumentan el riesgo de enfermedades crónicas no transmisibles, como las cardiopatías y el cáncer. Las enfermedades no transmisibles están relacionadas con el estilo de vida. Es aleccionador pensar que nuestro estilo de vida nos está matando más que cualquier virus, pandemia o catástrofe. Hoy en día, morirán más personas por obesidad que por todas las hambrunas, guerras y accidentes de tráfico del mundo[12]. A menudo, sin pensar demasiado, tomamos estas decisiones potencialmente peligrosas e importantes en cada comida.

Aquí tienes un repaso rápido y detallado de por qué la carne, los lácteos e incluso el pescado no tienen por qué figurar en tu plato.

- La carne roja y procesada contiene nitratos, grasas saturadas y otras sustancias químicas que aumentan el riesgo de cáncer colorrectal en un 24%.[13] También incrementan significativamente el riesgo de enfermedades cardiovasculares, infartos al miocardio y accidentes cerebrovasculares.[14]
- El pescado contiene contaminantes ambientales como el metilmercurio, los bifenilos policlorados y el mercurio, que aumentan el riesgo de enfermedades cardiovasculares[15] y deterioro cognitivo.[16]
- La FDA recomienda que las mujeres en edad fértil eviten el pescado debido a la intoxicación por mercurio (¡una advertencia escandalosamente reveladora en lo que a mí respecta!).[17]
- Los lácteos contienen IGF-1 (factor de crecimiento similar a la insulina 1), que se ha asociado a un mayor riesgo de cáncer, diabetes e inflamación crónica.[18]
- Los lácteos aumentan el riesgo de cáncer de mama hasta en un 80%.[19]
- Los lácteos aumentan el riesgo de cáncer de próstata hasta en un 65%.[20]
- El consumo prolongado de huevos obstruye las arterias y causa tanto daño a los vasos sanguíneos como fumar[21] (ahora es ilegal que los fabricantes de huevos los anuncien como nutritivos.[22])

ENFERMEDADES CARDIOVASCULARES:

Enfermedades del corazón, derrame cerebral, infarto al miocardio, enfermedad de la aorta, trombosis venosa profunda.

Las enfermedades cardiovasculares son la principal causa de mortalidad en el mundo, provocando el 32% de todos los fallecimientos. Alrededor de 18 millones de personas mueren cada año por cardiopatías (infartos de miocardio y accidentes cerebrovasculares.[23]

Las enfermedades cardiovasculares están causadas por la acumulación de depósitos grasos (o placa) en los vasos sanguíneos, que impiden que la sangre fluya como debería hacia el cerebro o el corazón. Uno de los principales factores es la dieta: un exceso de grasas saturadas y azúcares refinados, básicamente los dos pilares de la dieta occidental estándar.

La dieta es la causa de las enfermedades cardiovasculares, pero también puede ser el antídoto. Una revisión de estudios publicada en la revista *Trends in Cardiovascular Medicine* afirma que las dietas basadas en plantas deben recomendarse como una opción dietética medioambientalmente sostenible para mejorar la salud cardiovascular.[24]

CÁNCER

El cáncer es la segunda causa de muerte, con 9.6 millones de fallecimientos al año, es decir, 1 de cada 6 muertes.[25]

Ocurre cuando las células normales empiezan a funcionar mal y se transforman en tumores. Aunque muchos siguen pensando que el cáncer es algo que ocurre por accidente o debido a genes defectuosos, lo cierto es que la mayor parte de la culpa la tiene nuestro estilo de vida.

Según un nuevo estudio del Instituto Americano de Investigación Oncológica, el 42%

de los cánceres están relacionados con factores de riesgo que podemos controlar: exceso de peso, mala alimentación y falta de actividad física.[26] Los estudios de observación demuestran que las dietas basadas en plantas pueden reducir el riesgo de cáncer en al menos un 10-12%.[27] Sus efectos protectores proceden de la fibra, los antioxidantes y las vitaminas que contienen las verduras, las frutas y otros alimentos integrales.

OBESIDAD

La obesidad mundial casi se ha triplicado desde 1975. Según la Organización Mundial de la Salud, 2,000 millones de adultos tienen sobrepeso o son obesos, y al menos 2.8 millones de personas mueren cada año como consecuencia de ello.[28] También afecta cada vez más a los niños: la proporción de niños obesos o con sobrepeso de entre 5 y 19 años se ha cuadruplicado, pasando del 4% en 1975 al 18% en 2016.[29]

La obesidad no es una enfermedad genética. Está causada por un consumo excesivo de alimentos procesados, pobres en nutrientes y ricos en grasas y azúcares. En última instancia, nuestra forma actual de comer significa que la población de las naciones más ricas del mundo está sobrealimentada pero desnutrida al mismo tiempo.

Cuando se trata de controlar el peso, lo mejor que podemos hacer es abandonar los alimentos procesados y optar por alimentos vegetales integrales. Así lo confirma un estudio publicado en el American Journal of Lifestyle Medicine, que afirma: "Una dieta centrada en alimentos vegetales integrales parece ser una solución segura, sencilla y sostenible a la epidemia de obesidad."[30]

DIABETES TIPO 2

En todo el mundo, 422 millones de personas padecen diabetes. Resulta revelador que estas se concentren en las naciones ricas con mayores índices de consumo de carne. Esta enfermedad causa 1.6 millones de muertes al año.[31]

La diabetes se caracteriza por altos niveles de azúcar en sangre, que con el tiempo provocan daños en los nervios, vasos sanguíneos, ojos, riñones y corazón. Esto ocurre cuando el organismo no es capaz de producir suficiente insulina o se vuelve resistente a ella, normalmente debido a una ingesta excesiva de azúcar. La diabetes es otra enfermedad que se puede prevenir con la dieta.

Un estudio publicado en el European Journal of Epidemiology descubrió que, en comparación con las dietas ricas en carne, las dietas vegetales reducen el riesgo de resistencia a la insulina, prediabetes y diabetes de tipo 2.[32]

DEMENCIA Y ENFERMEDAD DE ALZHEIMER

En todo el mundo, 50 millones de personas padecen demencia, de las cuales el Alzheimer es la forma más común. Cada año se producen unos 10 millones de nuevos casos de demencia.[33]

La demencia es una enfermedad progresiva que provoca un deterioro de la memoria, el pensamiento, el control emocional, el comportamiento y la capacidad de vivir de forma independiente. Aunque afecta sobre todo a las personas mayores, no es una parte normal del envejecimiento. Los estudios demuestran que la inflamación crónica inducida por la dieta y los cambios metabólicos provocan una aceleración de nuestro deterioro cognitivo.[34] También en este caso, nuestra dieta puede agravar o prevenir esta enfermedad.

Un estudio publicado por el Journal Innovation in Aging descubrió que, en comparación con los no vegetarianos, las personas que seguían una dieta basada en plantas tenían un 38% menos de riesgo de demencia.[35]

COVID-19

En el momento de escribir estas líneas, se han producido unos 254 millones de casos y 5 millones de personas han muerto a causa del Covid.[36]

El Covid-19 no es una enfermedad crónica, pero sin embargo ha puesto de relieve la salud mundial y el papel de nuestra dieta. Aunque todavía quedan interrogantes sobre cómo exactamente el virus se convirtió en una pandemia mundial, lo que sí sabemos es que nuestra capacidad de supervivencia está en gran parte ligada a nuestro estado de salud actual.

Los estudios demuestran que las personas con obesidad, diabetes, problemas de salud preexistentes o un sistema inmunitario debilitado son más propensas a contraer Covid y a sufrir complicaciones. Aunque la dieta por sí sola no puede garantizar que se evite enfermar, una dieta sana favorece un sistema inmunitario fuerte, y un sistema inmunitario fuerte es la defensa del cuerpo contra las enfermedades.

La ciencia es clara cuando se trata de reforzar la inmunidad: una dieta basada en plantas es la mejor solución. Centrada en cereales integrales, alubias, legumbres, verduras, frutas, frutos secos y semillas, esta dieta está repleta de nutrientes que ayudan al cuerpo a mantenerse sano. Y cuando el cuerpo está en plena forma, hay menos probabilidades de enfermar.

En mayo del 2021, un estudio publicado en el British Medical Journal comparó el impacto de distintas dietas en la gravedad de la Covid. Los investigadores descubrieron que las dietas basadas en plantas y las dietas pescatarianas se asociaban a un menor riesgo de Covid-19 de moderada a grave. Llegaron a la conclusión de que estos tipos de dietas pueden proteger contra la Covid-19 grave.[37]

> *"La industria de la carne de vacuno ha contribuido a más muertes de estadounidenses que todas las guerras de este siglo, todos los desastres naturales y todos los accidentes de automóvil juntos. Si la carne de vaca es tu idea de "comida de verdad para gente de verdad", será mejor que vivas cerca de un buen hospital."*
>
> **Dr. Neal D. Barnard,**
> **autor de *"Alimentos que combaten el dolor"*.**[38]

¿ES SIMPLEMENTE VOLVERSE VEGANO LA RESPUESTA?

No del todo. Por eso es tan importante saber en qué consiste una dieta sana. Con los grandes productores de alimentos sacando productos veganos, hoy en día puedes ser fácilmente vegano de comida basura. Y aunque esto significa que no estás contribuyendo directamente a la crueldad contra los animales, no significa necesariamente que estés haciendo lo mejor para tu cuerpo.

El veganismo está enraizado en la compasión—compasión por los animales, el planeta y el prójimo—y consiste en hacer todo lo posible por evitar hacer daño. Creo que esto debería extenderse también a nosotros mismos, y eso significa elegir alimentos que curen en lugar de dañar nuestro cuerpo.

La dieta occidental estándar se caracteriza por un elevado consumo de carne y productos lácteos, pero también de mucho azúcar y alimentos procesados, que dañan el organismo. En cambio, los alimentos vegetales favorecen la salud y la longevidad.

EL PROBLEMA CON EL AZÚCAR:
INFLAMACIÓN, OBESIDAD Y DIABETES

"La historia ha demostrado que una dieta de alimentos veganos específicos, ingeridos en una proporción calórica específica, satisfará todos nuestros criterios. Para curar las enfermedades inflamatorias intestinales, otros trastornos intestinales y la mayoría de las demás enfermedades, he aprendido cuáles son los alimentos más beneficiosos de todos. Esos alimentos constituyen lo que yo llamo la Dieta Vegana Curativa."

Dr. David Klein[39]

Consumimos demasiado azúcar, y eso nos hace engordar y enfermar. Los estadounidenses consumen un promedio de 126 gramos (30 cucharaditas) de azúcar al día.[40] La ingesta recomendada según las últimas directrices nutricionales de EE.UU. es de no más de 50 gramos (12 cucharaditas).[41] Según otras instituciones sanitarias, como el NHS (Servicio Nacional de Salud del Reino Unido), no debería superar los 30 gramos (7.25 cucharaditas).[42] Estamos muy lejos de este ideal. Teniendo esto en cuenta, no es de extrañar que padezcamos tantos problemas de salud evitables.

Hay dos formas principales en las que el azúcar daña la salud. La primera tiene que ver con el estrés oxidativo y la inflamación. La segunda tiene que ver con el aumento de peso y la diabetes.

Los investigadores han observado que el exceso de azúcar desencadena un aumento de los radicales libres.[43] Los radicales libres son sustancias químicas procedentes de la contaminación y otras toxinas; también se forman como subproductos del funcionamiento normal de las células (un poco como los gases de escape son un subproducto de conducir un coche).

Cuando hay demasiados radicales libres circulando por el cuerpo, provocan algo llamado estrés oxidativo. Este proceso daña las membranas celulares, además de provocar mutaciones en el ADN que pueden desencadenar enfermedades crónicas.[44] El estrés oxidativo es uno de los principales factores del envejecimiento prematuro. Los radicales libres también aumentan la inflamación en el organismo, lo que incrementa el riesgo de padecer enfermedades crónicas (hablaremos de la inflamación más adelante).

En lo que respecta al aumento de peso y la diabetes, esto tiene que ver con la forma en que el organismo metaboliza el azúcar. Cuando comemos carbohidratos, el cuerpo los descompone en glucosa, que las células pueden utilizar como combustible. Cuando la glucosa llega al torrente sanguíneo, el páncreas libera insulina, una hormona que envía señales a las células para que absorban la glucosa.

Cuando comemos demasiados carbohidratos o alimentos que contienen mucho azúcar (como alimentos procesados y bebidas gaseosas), el páncreas tiene que bombear cada vez más insulina para tratar de sacar la glucosa del torrente sanguíneo y llevarla a las células. Con el tiempo, las células dejan de responder a la insulina, lo que se conoce como resistencia a la insulina, que es el primer paso hacia la diabetes tipo 2.

El otro problema de la insulina es que también envía señales al organismo para que almacene el exceso de glucosa en forma de glucógeno (que se almacena en el hígado como energía disponible) o de grasa (cuando las reservas de glucógeno están llenas). Así es como el azúcar, que técnicamente no contiene grasa (e, irónicamente, se añade a muchos alimentos dietéticos sin grasa o bajos en grasa), provoca en realidad un exceso de grasa corporal.

EL PROBLEMA CON LOS ALIMENTOS PROCESADOS:

CONVENIENTE PARA SU HORARIO, NO PARA TU CUERPO

Los alimentos procesados son los alimentos precocinados que tomamos porque nos resultan cómodos. Según un estudio del British Medical Journal, más de la mitad de las calorías de los estadounidenses proceden de alimentos ultraprocesados.[45] Se trata de alimentos que se han separado y vuelto a unir con edulcorantes, sal, aceites, aditivos artificiales y conservantes añadidos.

No hace tanto tiempo que la mayoría de la gente comía alimentos reales cocinados en casa con ingredientes naturales. Hoy en día, simplemente compramos algo ya hecho porque es más rápido. ¿Quién tiene tiempo para cocinar? Programas como MasterChef nos han vuelto un poco recelosos a la hora de meternos en la cocina; nos preocupa que cocinar sea un procedimiento complejo que implique recetas complicadas, aparatos caros e ingredientes difíciles de encontrar. Los platos precocinados son mucho más cómodos. Pero no lo son para nuestro cuerpo.

Tomemos como ejemplo una barra de pan normal de supermercado. Está hecha con una compleja mezcla de harinas refinadas, azúcar, emulgentes, conservantes, vitaminas sintéticas (que hay que volver a añadir porque el proceso de refinado despoja a los granos de sus nutrientes), ¡e incluso leche deshidratada! En cambio, el pan casero (o recién hecho en una buena panadería) contiene harina integral, levadura natural y agua. Los dos tendrán un impacto dramáticamente diferente en el cuerpo.

Por alimento procesado se entiende cualquier alimento que haya sido sometido a limpieza, calentamiento, trituración, pulverización, pasteurización, escaldado, cocción, congelación, secado, deshidratación, mezcla, envasado o cualquier otro procedimiento que altere la fuente de alimentación original de sus estados naturales, como la adición de conservantes, aromatizantes, colorantes u otras sustancias aprobadas para su uso en productos alimenticios.

Sé lo que estás pensando: ¿no significa eso que la mayoría de los alimentos están procesados? En cierto modo, sí. "Procesamos" los alimentos cuando los cocinamos. Así que, en efecto, no todos los alimentos procesados son malos; de hecho, algunos son muy útiles para tener en la cocina porque facilitan la alimentación basada en plantas, como las judías (frijoles) enlatadas.

Los alimentos procesados van desde los mínimamente procesados a los muy procesados:

- Alimentos mínimamente procesados: como frutos secos tostados, ensalada en bolsa, verduras precortadas. No suelen contener aditivos.
- Alimentos procesados para conservar el valor nutritivo y la frescura: como tomates enlatados, verduras y legumbres en conserva, leches vegetales o frutas y verduras congeladas. La mayoría de ellos no contienen conservantes ni ingredientes añadidos (pero hay que revisar la etiqueta, porque algunos, sobre todo los no ecológicos, contienen azúcar añadido, conservantes e incluso colorantes artificiales).
- Alimentos con ingredientes añadidos (como azúcar, sal, aceites, colorantes o conservantes) para dar sabor o textura: como salsas para pasta, aderezos para ensaladas, mezclas para pasteles, yogures azucarados, pan de supermercado, salsas, salsas para untar, queso en rebanadas, salchichas y productos cárnicos procesados (como nuggets de pollo).
- Alimentos listos para el consumo (son los más procesados): galletas saladas, bizcochos, embutidos, patatas fritas, platos preparados congelados, cenas para microondas, bebidas gaseosas, postres fríos, dulces y caramelos.

Cuando digo que hay que evitar los alimentos procesados, no quiero decir que haya que empezar a prepararlo todo desde cero. Los alimentos mínimamente procesados (los dos primeros puntos) tienen cabida en una dieta sana y equilibrada. Por ejemplo, la leche vegetal, las frutas y verduras congeladas, los frutos secos y semillas tostados y las legumbres en conserva no tienen por qué evitarse. Contienen nutrientes que favorecen la salud y te ayudan a avanzar hacia una dieta vegana, al tiempo que garantizan que le das a tu cuerpo todo lo que necesita.

Entonces, ¿qué alimentos procesados debes evitar? Son fáciles de reconocer. Suelen tener una larga vida útil y su etiqueta de ingredientes parece un experimento científico. Contienen ingredientes que no se parecen a nada que pueda tener en su despensa, como por ejemplo:

- Glutamato monosódico: se añade para aumentar el sabor umami de los alimentos y estimular el apetito. Este aditivo se ha relacionado con problemas neurológicos y el síndrome metabólico.[46]
- Eritrosina: se añade para enrojecer los alimentos. Este aditivo se ha relacionado con tumores de tiroides.[47]
- Nitrato de sodio: se añade para que las carnes procesadas sean saladas y de color rosa. Este aditivo podría aumentar el riesgo de cáncer de estómago.[48]
- Carragenina: se añade como espesante y conservante. Este aditivo puede provocar inflamación y problemas digestivos.[49]
- Benzoato de sodio: se añade como conservante y suele encontrarse en las bebidas gaseosas. Este aditivo se ha relacionado con el TDAH[50] y el cáncer.[51]

Como puede ver, estos ingredientes se añaden para aumentar la vida útil y estimular nuestras papilas gustativas para que queramos volver a comprar el producto (esto se conoce en la industria como "atractivo de repetición"). La salud y la nutrición tienen poco que ver; se trata más bien de beneficios y captación de mercado.

Otro problema de los alimentos ultraprocesados es que son calorías vacías. Vacías, porque carecen de nutrientes. En otras palabras, no contienen las vitaminas y minerales esenciales que necesitamos para gozar de una salud óptima. Solo aportan combustible de mala calidad (normalmente en forma de cereales refinados, azúcares y grasas) junto a una porción de sustancias químicas que el organismo se esfuerza por procesar y eliminar.

Vamos a comparar un par de alimentos más, antes de pasar a los fundamentos de una dieta sana, y cómo se puede comenzar la transición hacia una forma de comer que le apoya mientras que el apoyo a los animales y el planeta.

El aderezo habitual para ensaladas ya preparado contiene aceite de semilla de colza, leche, huevos, azúcar, aromas y colorantes artificiales, ingredientes que estresan al organismo. Por otro lado, puedes preparar rápidamente un aderezo sencillo con aceite de oliva, zumo de limón, una pizca de sal y tal vez un poco de perejil o menta, que te aportará las grasas saludables del aceite de oliva y los antioxidantes antiinflamatorios del zumo de limón y las hierbas.

Puedes preparar una comida sencilla y saciante en menos de 30 minutos salteando rápidamente unas verduras y tofu, añadiendo un chorrito de salsa de soja y una cucharada de mantequilla de cacahuete, y sirviéndolo junto con unos fideos de trigo sarraceno o arroz integral. Esta comida te aportaría antioxidantes y fibra (verduras), proteínas (tofu, mantequilla de cacahuete), grasas saludables (cacahuetes) y carbohidratos complejos (fideos de trigo sarraceno), que te llenarían y nutrirían. O puedes comprar un plato precocinado y meterlo en el microondas, pero como está repleto de azúcar y hecho con ingredientes refinados, lo más probable es que vuelvas a tener hambre al cabo de una hora.

Los alimentos procesados pueden parecer la opción más rápida y fácil, sobre todo si tienes una agenda apretada, pero no son la opción más inteligente cuando se trata de tu salud. No estoy diciendo que debas evitar todos los alimentos procesados. Después de todo, ¿qué es la vida sin algún capricho ocasional?

Pero se trata de encontrar el equilibrio. Soy partidario de la regla 80-20, que permite desviarse un poco de los alimentos integrales. Esto significa que la mayor parte de la dieta se compone de alimentos integrales o mínimamente procesados, con algún que otro capricho. El objetivo no es la perfección, sino crear el tipo de dieta que puedas mantener de por vida Y disfrutar.

"Cuando se ha demostrado científicamente que adoptar una dieta basada en plantas no solo detiene la evolución de ciertas enfermedades, sino que también puede revertirlas, entonces tenemos la responsabilidad moral de actuar y alinear nuestras creencias con nuestras acciones. Tener el valor de mirar al elefante a los ojos."

El Hospital Hayek Apuesta Por Lo Vegetal[52]

ALTERANDO TU SISTEMA INMUNOLÓGICO

Tu sistema inmunitario es tu mecanismo personal de protección contra enfermedades e infecciones. Como un guardaespaldas, patrulla el cuerpo y destruye cualquier sustancia química, germen o parásito que ponga en peligro su salud. El sistema inmunitario es capaz de reconocer las células que componen tu cuerpo y eliminar cualquier cosa desconocida o amenazadora. Si lo piensas bien, eres bastante vulnerable. Al fin y al cabo, vivimos en una sopa tóxica de bacterias microscópicas, virus, parásitos y toxinas. Estas se posan en nuestra piel, están en el aire que respiramos y en los alimentos que comemos. Sobrevivimos gracias a nuestro sistema inmunitario, que trabaja incansablemente para mantenernos a salvo.

Esta acción protectora puede convertirse en un problema, por ejemplo, si el sistema inmunitario reacciona ante algo inofensivo (como el polvo o el polen), o si se vuelve contra sí mismo (como ocurre en las enfermedades autoinmunes). ¿Qué hace que el sistema inmunitario reaccione de forma exagerada? La inflamación crónica.

La inflamación crónica es algo con lo que casi todos luchamos en cierta medida, debido a nuestra forma de vida. Los niveles de estrés, el aire contaminado y los alimentos procesados provocan una respuesta inflamatoria. Aunque esta respuesta es normal e incluso deseable, somete al sistema inmunitario a estrés. Y todos sabemos lo que ocurre cuando nos agobiamos: empezamos a cometer errores.

DE LA INFLAMACIÓN AGUDA A LA INFLAMACIÓN CRÓNICA

NUESTRO MECANISMO DE PROTECCIÓN INTERRUMPIDO

Su sistema inmunitario, o guardaespaldas personal, dispone de varias herramientas para mantenerte a salvo. La más frecuente es la inflamación aguda. Seguramente la has experimentado alguna vez en tu vida, si te ha picado un mosquito, te has torcido la muñeca o te has resfriado.

A la primera señal de que algo va mal—ya sea la detección de una sustancia extraña (veneno de insecto o virus) o de un daño (como un desgarro muscular)—el sistema inmunitario entra en acción. Los síntomas de la inflamación aguda son fáciles de reconocer:

- Enrojecimiento: Se debe al aumento del flujo sanguíneo, ya que el sistema inmunitario envía glóbulos blancos a la zona.
- Hinchazón: Esto ocurre debido a los fluidos adicionales que transportan las células inmunitarias al lugar y se llevan las células muertas o dañadas.
- Calor: El aumento del flujo sanguíneo y de los fluidos genera más calor en el cuerpo.
- Dolor: Causado por los subproductos de estas sustancias químicas que estimulan las terminales nerviosas.
- Puntuales: Los síntomas duran sólo hasta que se necesitan, normalmente entre 2 días y 6 semanas.[53]
- Si tienes un resfriado, los síntomas que experimentas se deben a la respuesta de inflamación aguda de tu sistema inmunitario. La nariz roja y congestionada (hinchazón y enrojecimiento), la fiebre (calor) y los músculos doloridos (dolor) son todas señales de que el cuerpo está trabajando para deshacerse del virus del resfriado.

Aunque la inflamación aguda es incómoda, es un proceso beneficioso y curativo. Una vez eliminado el virus, curada la picadura de insecto o recuperado el músculo, los síntomas desaparecen.

En cambio, la inflamación crónica no es beneficiosa. Es una inflamación aguda que se descontrola. Ocurre cuando el sistema inmunitario tiene demasiado trabajo. Cuando tu guardaespaldas personal está en alerta máxima constante, lanza su respuesta inflamatoria constantemente para combatir sustancias que no deberían estar en tu cuerpo.

Ciertos alimentos, en particular los que contienen un exceso de azúcar y aditivos artificiales (carne, lácteos, pescado y alimentos procesados, en otras palabras), provocan una respuesta inflamatoria temporal (aguda). Si estos alimentos se consumen con regularidad, esta respuesta inflamatoria se vuelve crónica. Cuando esto ocurre, los efectos pasan de ser curativos a ser perjudiciales.

La inflamación crónica acaba dañando las células, los tejidos y los órganos sanos, y provoca daños en el ADN, disfunción celular y cicatrices internas. Esto prepara el terreno para muchas enfermedades crónicas: la obesidad, la diabetes, las cardiopatías y el cáncer tienen su origen en la inflamación crónica.

De acuerdo con el Instituto Nacional de Salud, tres de cada cinco muertes se deben a enfermedades causadas por la inflamación crónica.[54] Es más, la inflamación crónica dificulta que el cuerpo haga frente a una enfermedad o a un virus. Por este motivo, las personas con un sistema inmunitario debilitado o las que ya padecen enfermedades inflamatorias corren un mayor riesgo de contraer Covid o morir a causa de ella.

Detener la inflamación crónica es vital para mantenerse sano y prevenir enfermedades. Para ello, debemos alejarnos de los alimentos que causan inflamación y acercarnos a los alimentos que combaten activamente la inflamación y proporcionan al sistema inmunitario lo que necesita para seguir funcionando con eficacia. Debemos pasar a una dieta que favorezca la salud.

¿Qué tipo de dieta es esa? Una dieta basada en alimentos integrales de origen vegetal. Es más fácil de lo que crees, una vez que conoces los fundamentos de una dieta sana y equilibrada. En el próximo capítulo, dominaremos los fundamentos de una dieta nutritiva. ¡Vamos a veganizar nuestras vidas!

DIETA VEGANA ADECUADA PARA TODAS LAS ETAPAS DE LA VIDA

La Asociación Canadiense de Dietética, Dietistas de Canadá, la Asociación Británica de Dietética y la Asociación Americana de Dietética apoyan la dieta vegana.

Según estas reconocidas y respetadas instituciones *"las dietas veganas y otros tipos de dietas vegetarianas bien planificadas son apropiadas para todas las etapas del ciclo vital, incluso durante el embarazo, la lactancia, la infancia, la niñez y la adolescencia."*

Continúan diciendo que las dietas basadas en plantas ofrecen *"una serie de beneficios nutricionales, incluyendo niveles más bajos de grasas saturadas, colesterol y proteínas animales, así como niveles más altos de carbohidratos, fibra, magnesio, potasio, folato y antioxidantes como las vitaminas C y E y fitoquímicos."* [55]

EL ESTUDIO DE CHINA: EL VEGANISMO NO TIENE VUELTA ATRÁS[56]

Hace más de dos décadas que sabemos que una dieta basada en plantas es la clave de nuestra salud y longevidad. En 1998, el estudio de China saltó a los titulares con hallazgos revolucionarios: Nuestra dieta occidental estándar nos estaba matando.

A principios de la década de 1980, el bioquímico nutricional T. Colin Campbell, de la Universidad de Cornell, estableció una colaboración con la Academia China de Medicina Preventiva para estudiar la relación entre nutrición y enfermedad. Lo llamaron el Proyecto China. China ofrecía una gran oportunidad para explorar esto porque la población permanecía en pequeñas áreas y comunidades, y muchas regiones se basaban en una dieta casi totalmente vegetal que era a la vez baja en grasas y alta en fibra, exactamente lo contrario de la dieta occidental estándar. Esto proporcionó una gran plataforma desde la que comparar la salud de los chinos rurales y la de los estadounidenses, comparativamente ricos.

La investigación del Dr. Campbell fue la primera en destacar la necesidad de una dieta basada en plantas. Su estudio de 20 años analizó las tasas de mortalidad por cáncer y otras enfermedades crónicas en 65 condados de China, y descubrió que el consumo de productos animales y lácteos aumenta el riesgo de enfermedades crónicas, como las cardiovasculares, la diabetes, el cáncer de mama, el cáncer de próstata y el cáncer de intestino.

Aún hoy se considera uno de los estudios sobre nutrición más completos jamás realizados, y demostró de forma concluyente los peligros de una dieta rica en productos animales, así como el efecto protector de una dieta basada en alimentos integrales y vegetales. Lo que conmocionó a Estados Unidos y al mundo fue lo inquietante de la comparación entre la salud y el peso de las poblaciones china y estadounidense. La mayoría suponía que el país de la abundancia tendría una dieta y un sistema alimentario superiores.

Uno de los principales hallazgos del estudio fue la diferencia entre el comportamiento de las proteínas animales y vegetales en el organismo. Se descubrió que las proteínas de los alimentos de origen animal provocan el crecimiento tanto de las células normales como de las cancerosas.

Las proteínas animales también desencadenan la producción de factores de crecimiento (como los factores de crecimiento similares a la insulina), que aumentan el riesgo de cáncer. En cambio, las proteínas vegetales protegen las células y no favorecen el cáncer. La gran conclusión de los investigadores fue que las células cancerosas pueden activarse o desactivarse simplemente modificando la dieta y la cantidad de carne y proteínas de caseína ingeridas.

Otro hallazgo importante fue que una dieta basada en alimentos integrales de origen vegetal no solo previene el cáncer, sino que es beneficiosa para otras enfermedades. Durante su estudio, el Dr. Campbell se dio cuenta de lo mucho que tienen en común las enfermedades crónicas. Debido a estos puntos en común, tiene sentido que una nutrición adecuada prevenga las enfermedades y mejore la salud. Una dieta basada en plantas nunca puede ser "mala" para usted, sino beneficiosa.

En última instancia, el libro de Campbell demostró a Occidente que no es necesario comer carne. Su libro tuvo tal impacto que Bill Clinton se hizo vegano después de leerlo. Hoy en día, el "Estudio de China" se considera uno de los estudios más importantes sobre la relación entre la dieta y la salud. ¡No había vuelta atrás!

"Una nutrición realmente beneficiosa para una enfermedad crónica favorecerá la salud en general."
T. Colin Campbell

"Ser vegano me ha mantenido vivo."
Bill Clinton

3

CÓMO EL VEGANISMO PUEDE SALVAR EL MUNDO

BIOMASA: SIGUIENDO EL ASCENSO DE LOS HUMANOS Y LA CAÍDA DE LA VIDA SALVAJE

El mundo natural se ha visto peligrosamente distorsionado y amenazado tras años en los que los humanos han jugado indiscriminadamente a ser Dios.

Basta con seguir la evolución de la biomasa de nuestro planeta a lo largo del tiempo para comprender cómo nuestros sistemas alimentarios y prácticas agrícolas actuales han alterado drásticamente nuestro mundo natural.

Biomasa es un término ecológico que designa toda la materia viva: la masa de organismos biológicos vivos en nuestro ecosistema en un momento dado. Convenientemente para nosotros, los veganos, las plantas constituyen la mayor parte de la biomasa de la Tierra. No están directamente amenazadas.

Pero cuando observamos la evolución de la biomasa animal, encontramos tendencias alarmantes. El estudio más reciente sobre la biomasa muestra que el 96% de los mamíferos del planeta son animales domesticados.

En otros tiempos, una rica diversidad de mamíferos salvajes vagaba libremente por nuestro planeta, constituyendo la mayor parte de la biomasa animal. Pero, de manera escalofriante, al observar el ascenso de los humanos, vemos la destrucción de los hábitats naturales y la extinción masiva de especies a nuestro paso, a medida que el índice de biomasa se invertía. Nosotros, y nuestra creciente población de animales de granja, nos apoderamos del mundo natural y empezamos a abusar de sus recursos como si fueran infinitos.

La biomasa de los animales salvajes ha disminuido en un 85% desde la revolución agrícola, en la que los seres humanos domesticaron a ciertos animales salvajes y talaron las llanuras fértiles y los bosques vírgenes, antaño naturales, para convertirlos en tierras de cultivo. Sin la expansión y explotación de gran parte de los recursos naturales del planeta, el rápido ascenso de los humanos habría sido imposible. Si a esto le añadimos un poco de codicia, una tormenta de proporciones bíblicas se cernía sobre nuestro horizonte.

Los líderes de nuestra industria han considerado que se trata de la marcha inevitable del progreso. Pero las estadísticas de la biomasa son tan aleccionadoras como catastróficas si se tiene en cuenta el breve periodo de tiempo que los humanos llevamos siendo los amos del universo. Aunque sólo representamos el 0.01% de la biomasa total de la Tierra, hemos causado la pérdida del 85% de los mamíferos salvajes, el 80% de los mamíferos marinos y el 50% de la vida vegetal.

Resulta aún más incriminatorio si se tiene en cuenta que se cree que la mitad de esas criaturas se han extinguido en los últimos cincuenta años. Y, mientras tanto, seguimos criando animales de granja a escala industrial. Es alarmante pensar que hemos destruido tanta riqueza de vida, desequilibrando hasta tal punto el orden natural, que el futuro de la propia humanidad está en peligro.

Esto es lo contrario de la teoría de la selección natural de Darwin; nos hemos elevado a nosotros mismos a la altura de Dios. Hoy en día, la inmensa mayoría de los animales que sobreviven se crían con fines lucrativos, no para el bienestar del planeta. Nuestro caprichoso paladar y nuestra codicia están acelerando la caída del mundo natural.

Pero ¿hay alguna forma de dar la vuelta a la situación? ¿Hay soluciones viables?

En última instancia, la única manera de poner las cosas en su sitio es reduciendo la cantidad de tierra que dedicamos a la agricultura. En la actualidad, más de la mitad de la superficie habitable del planeta se destina a la agricultura. La mayor parte (80%) se destina a la cría de animales. Sin embargo, la carne y los lácteos sólo representan el 18% de las calorías de nuestra dieta. Esto es peligrosamente ineficaz e insostenible.

Algo tiene que ceder. Ese algo somos nosotros.

Ya tenemos la tecnología y los medios para producir suficientes alimentos para alimentar al planeta muchas veces con una dieta basada en plantas. Con la transición a un sistema alimentario basado principalmente en las plantas, podríamos producir suficientes alimentos a partir de una superficie de tierra más pequeña, creando un mejor equilibrio en el que los animales salvajes podrían volver a florecer. De aquí se derivarían otros beneficios. Reduciríamos significativamente el riesgo de futuras pandemias o enfermedades, ya que habríamos limitado la oportunidad de que los virus cruzaran la barrera de las especies para llegar a los humanos. El exceso de tierras de cultivo innecesarias podría reverdecer de forma natural en poco tiempo, y gran parte de nuestra biodiversidad perdida se regeneraría. Esto llevaría a una nueva vida animal que evolucionaría y florecería en todo el planeta. Los David Attenborough embrionarios tendrían nuevos bosques y especies que descubrir.

Si nos tomamos en serio la protección de lo que queda de vida salvaje, tenemos que dejar de destruir los hábitats silvestres, y la forma más poderosa de hacerlo es cambiar nuestra relación con los demás seres que comparten nuestro planeta. Lo más importante que podemos hacer, a nivel práctico e individual, es modificar nuestra dieta.

El problema está en nuestros platos; por suerte, también lo está la solución.

"Pocos problemas son menos reconocidos, pero más importantes, que la acelerada desaparición de los recursos biológicos de la Tierra. Al empujar a otras especies a la extinción, la humanidad se está ocupando de cortar con una sierra la rama sobre la que está posada..."

Prof. Paul K. Ehrlich, Biólogo Y Escritor Estadounidense

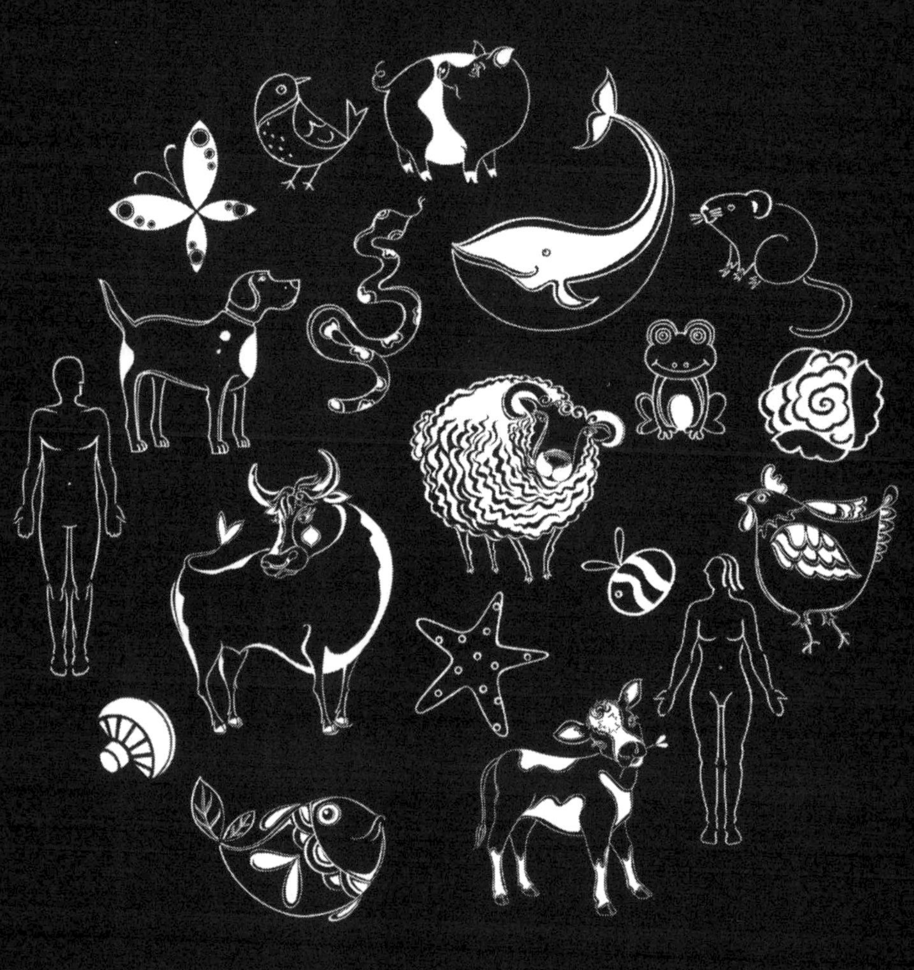

4

NUTRICIÓN COMPLETA

OBTÉN TODO LO QUE NECESITAS DE LAS PLANTAS

"La gente se siente mal porque se nutre de alimentos que no daría ni a su perro ni a su gato. La rica dieta occidental está repleta de grasa, azúcar, colesterol, sal y proteínas animales."

Dr. John Mcdougall[1]

"La comida es real y verdaderamente la medicina más eficaz."

Dr. Joel Fuhrman[2]

LOS FUNDAMENTOS DE UNA DIETA SANA Y EQUILIBRADA

Para gozar de una óptima salud, el organismo necesita determinados macro y micronutrientes. Los macronutrientes (que significa "grandes" en griego) son los que se necesitan en grandes cantidades: carbohidratos complejos, proteínas y grasas saludables. Los micronutrientes (que significa "pequeño" en griego) son los que se necesitan en menor cantidad: vitaminas, minerales y antioxidantes.

En esta sección voy a explicarte por qué cada uno de estos nutrientes es importante para la salud y dónde puedes encontrarlos. En el capítulo siguiente, encontrarás una guía paso a paso para empezar a poner en práctica estos nuevos conocimientos.

PROTEÍNA

Empezaré por esta porque es la que más preocupa a la gente. Existe la idea errónea de que la carne es necesaria para obtener proteínas. La industria alimentaria se ha gastado miles de millones en fomentar esta idea, y hay que cuestionarla. Es la primera pregunta que todo vegano debe plantearse: ¿De dónde sacas las proteínas? Somos una sociedad obsesionada con la proteína, pero nuestra obsesión se centra en la proteína animal mientras ignoramos o pasamos por alto proteínas vegetales más saludables (y a menudo más baratas).

La proteína es esencial, y no se puede negar que la necesitamos; es el componente básico de nuestras estructuras celulares. El cuerpo las necesita para mantener y reparar tejidos, huesos, cartílagos y músculos sanos. Las proteínas se componen de aminoácidos que el cuerpo utiliza para fabricar enzimas (como las digestivas, que ayudan a descomponer y absorber los alimentos), hormonas (como la epinefrina, importante para la función muscular y los vasos sanguíneos; la tiroxina, esencial para la función tiroidea; y la melatonina, que regula el ritmo circadiano).[3]

El cuerpo necesita 21 aminoácidos para gozar de una salud óptima, nueve de los cuales se denominan esenciales porque el organismo no puede fabricarlos, por lo que deben obtenerse de los alimentos. Estos aminoácidos esenciales son la isoleucina, la leucina, la lisina, el triptófano, la valina, la treonina, la histidina, la fenilalanina y la metionina. En el Anexo encontrarás una lista de estos aminoácidos junto con sus fuentes alimentarias.

La razón por la que asumimos que los productos animales son la cumbre de los alimentos proteicos es que la carne se clasifica como proteína "completa" porque contiene los nueve aminoácidos esenciales. Sin embargo, se queda corta en otros aspectos: la carne contiene pocas vitaminas y no contiene fibra ni antioxidantes.

Pero la buena noticia es que hay otras opciones. Muchos alimentos vegetales contienen estos aminoácidos esenciales. Y algunos contienen los 21 aminoácidos esenciales. Son la soja (judías edamame, tofu, tempeh), el trigo sarraceno, la quinoa, las semillas de cáñamo y la micoproteína (proteína de setas, como la de Quorn).

"Cambiar las proteínas de la dieta, de la carne animal a las proteínas vegetales, es una de las medidas más poderosas que alguien puede tomar para reducir el impacto sobre nuestro clima."

Leonardo DiCaprio

También puedes combinar ciertos grupos de alimentos vegetales para obtener los nueve aminoácidos esenciales:

- Combina cereales y alubias o legumbres: por ejemplo, mantequilla de cacahuete y galletas de avena (los cacahuetes son legumbres, no frutos secos), arroz y lentejas, pasta y alubias rojas, mijo y alubias negras, cuscús y garbanzos.
- Combina frutos secos o semillas con legumbres o alubias: por ejemplo, semillas de calabaza y guisantes (chícharos), garbanzos y tahini (también conocido como hummus), semillas de girasol y judías (frijoles) negras, almendras y lentejas.

Puedes utilizar lo anterior para preparar guarniciones o ensaladas rápidas y ricas en proteínas. Por ejemplo, mezclando lentejas enlatadas con almendras tostadas, añadiendo un chorrito de aceite de oliva, un chorrito de limón y una pizca de sal. Puedes servir esto junto con un cereal (arroz/pasta) y algunas verduras (asadas, salteadas o crudas) y ¡ta-rán! Tienes una comida equilibrada, sabrosa y llenadora.

¿CUÁNTA PROTEÍNA NECESITAS REALMENTE?

Según los expertos, los adultos sedentarios necesitan alrededor de 0.8 g de proteínas por cada kilo de peso, o 0.43 g de proteínas por libra de peso, cada día.[4] Esto equivale a unos 62 g de proteínas al día para un adulto que pese 77 kilos / 170 libras.

¿Cómo se traduce esto en términos de alimentación? He aquí algunos ejemplos:

- 1 taza de frijoles de soja = 28.6 g de proteína[5]
- 1 hamburguesa vegetal Beyond Burger = 20 g de proteína[6]
- 1 hamburguesa vegetal Impossible Burger = 19 g de proteína[7]
- 1 taza de lentejas cocidas = 18 g de proteínas[8]
- 1 taza de guisantes (chícharos) cocidos = 16.3 g de proteína[9]
- 1 taza de garbanzos cocidos = 14.5 g de proteína[10]
- 1 taza de quinoa cocida = 11.4 g de proteína[11]
- ¼ taza de nueces de anacardo = 7.3 g de proteína[12]
- ¼ taza de semillas de sésamo = 6.4 g de proteína[13]
- 1 taza de trigo sarraceno cocido = 5.7 g de proteína[14]
- ¼ taza de almendras = 4.9 g de proteína[15]
- 2 cucharadas de semillas de lino = 2.5 g de proteína[16]

Pero las proteínas no sólo están presentes en las judías(frijoles), las legumbres, los frutos secos y las semillas. Los cereales y las verduras también contienen algo de proteína. Por ejemplo:

- 1 taza de mijo cocido = 6.1 g de proteína[17]
- 1 taza de arroz integral cocido = 5 g de proteína[18]
- 1 taza de brócoli = 3.7 g de proteína[19]
- 1 taza de cebollas = 2.6 g de proteína[20]
- 1 taza de champiñones = 2.5 g de proteína[21]
- 1 taza de col rizada cocida = 2.5 g de proteína[22]
- 1 taza de calabaza cocida = 1.7 g de proteína[23]

En el Anexo encontrarás una práctica tabla con buenas fuentes de proteínas vegetales. Lo importante es recordar que si comes tres buenas comidas al día a base de alimentos integrales de origen vegetal, no tendrás problemas para obtener suficientes proteínas para tu organismo.

La idea de que la carne es la mejor fuente de proteínas es una falacia. Las proteínas vegetales son más sanas (porque también contienen fibra, minerales y vitaminas), más baratas y mejores para el medio ambiente. En los dos últimos años, Covid y una aterradora sucesión de desastres climáticos han hecho que muchos de nosotros nos inclinemos por las proteínas vegetales. Esto ha asustado a la industria cárnica, que ha respondido publicando artículos con el objetivo de empujar a la gente a volver a la carne comparando las hamburguesas de ternera "naturales" con las opciones vegetales "antinaturales". Pero ni siquiera esto ha funcionado: los nutricionistas han salido en defensa de las carnes vegetales, afirmando que tanto la Beyond Meat como la Impossible Burger contienen más proteínas y menos grasas saturadas que las hamburguesas de ternera.[24]

Los sustitutos de la carne de origen vegetal son una forma de ajustar fácilmente tu dieta para la transición hacia el veganismo.

Aquí tienes otras ideas para empezar:

- Utiliza tofu o tempeh en lugar de pollo, cerdo o ternera en tus guisos salteados. El tofu es un lienzo en blanco cuando se trata de sabor: puedes marinarlo con hierbas o especias y luego freírlo, asarlo u hornearlo. Sírvelo con fideos, pasta, ensaladas...
- Sustituye la carne por lentejas, alubias o carne picada vegetal en tus guisos y currys.
- Añade garbanzos u otras legumbres a tus ensaladas para darles un toque proteico.
- Prueba el jackfruit, que tiene una textura parecida a la del cerdo o el pollo desmenuzado. La yaca puede marinarse con los condimentos y salsas que más te gusten. La yaca es un buen sustituto de la carne en el curry: ¡echa un vistazo a mis recetas REBEL VEGAN!
- Añade hummus (o queso vegano a base de frutos secos) a tus sándwiches en lugar de embutidos o queso lácteo.
- Prepara tofu revuelto en lugar de huevos revueltos para desayunar.
- Prueba una tortilla de garbanzos (hecha con harina de gramo) en lugar de una tortilla a base de huevos.
- Prueba a hacer puré de garbanzos con mayonesa vegana o aguacate para obtener una mezcla similar al atún y la mayonesa que puedes añadir a las patatas fritas o a los wraps.
- Rellena tus pitas con falafel (hecho de garbanzos) en lugar de carne o queso.
- Prueba las alubias (frijoles) negras en lugar de la carne de res en tus burritos.
- Un champiñón portobello marinado y horneado con aguacate y queso vegano es una deliciosa alternativa vegetal a la hamburguesa de carne.
- ¡Diviértete probando la increíble variedad de hamburguesas vegetales hasta encontrar la que más te guste!

LA CONFUSIÓN SOBRE LOS CARBOHIDRATOS

Los carbohidratos son la principal fuente de energía de tu cuerpo. Las enzimas digestivas descomponen los carbohidratos en glucosa, que las células convierten en energía para llevar a cabo todas sus funciones, desde mover los músculos hasta alimentar el pensamiento (¿Sabías que el cerebro consume unos 120 gramos de glucosa al día?[25]).

Durante la última década o más, ha estado cada vez más de moda mantenerse alejado de los carbohidratos. Esto es un error. No todos los carbohidratos son iguales: el secreto está en elegir los adecuados. Los tres tipos principales de carbohidratos son los azúcares, los almidones y la fibra. Estos pueden dividirse en dos categorías:

HIDRATOS DE CARBONO SIMPLES: Los que hay que limitar

Encontrarás carbohidratos simples en la fruta y la leche de vaca, así como en alimentos procesados como bebidas gaseosas, pasteles, dulces, platos precocinados, etc.

- Alimentos refinados: como la harina blanca, la pasta blanca, el pan blanco, que se elaboran a partir de cereales a los que se han eliminado sus nutrientes (como el germen).
- Azúcares añadidos: como el azúcar de caña, el jarabe de maíz rico en fructosa o el jarabe de glucosa.
- Azúcares naturales: fructosa (en la fruta) y lactosa (en la leche).

CARBOHIDRATOS COMPLEJOS: Aquellos para darse un capricho/los buenos

Encontrarás carbohidratos complejos en los alimentos integrales.

- Fibra: presente en verduras, cereales integrales, alubias(frijoles), legumbres, frutas, frutos secos y semillas.
- Almidón: presente en cereales integrales, tubérculos, alubias (frijoles) y legumbres.

Los carbohidratos simples están formados por una o dos moléculas de azúcar (monosacáridos o disacáridos), que el organismo absorbe rápidamente. Por eso tienden a disparar los niveles de azúcar en sangre, alterar la señalización de la insulina, alterar el apetito y aumentar el riesgo de enfermedades.

De hecho, los científicos culpan a los azúcares refinados de las actuales epidemias de obesidad, diabetes y enfermedades cardiovasculares.[26] Una de las razones es que las dietas ricas en carbohidratos refinados provocan un aumento de la proteína c reactiva (PCR), un marcador de inflamación crónica.[27]

Por otro lado, los carbohidratos complejos están formados por tres o más moléculas de azúcar (oligosacáridos o polisacáridos), que están unidos entre sí en una estructura química más compleja y, por tanto, el organismo los descompone más lentamente. Esto significa que los niveles de azúcar en sangre se mantienen estables y que el páncreas no tiene que bombear una gran cantidad de insulina.

Además, los carbohidratos complejos contienen vitaminas y minerales que ayudan al organismo a mantenerse sano. Los estudios demuestran que las dietas ricas en carbohidratos complejos ofrecen protección contra muchas enfermedades crónicas, incluida la capacidad de revertir la diabetes y las cardiopatías existentes.[28]

Visita el Anexo donde encontrarás una tabla con las fuentes de carbohidratos complejos.

FANTASTIC FIBER

La razón por la que los carbohidratos complejos son mejores para ti es que contienen mucha fibra saludable. La fibra de los alimentos integrales ayuda a controlar el peso, la digestión, la salud del corazón e incluso a prevenir el cáncer. La carne, el pescado y los lácteos no contienen nada de fibra. Solo se encuentra en las plantas. Hay dos tipos de fibra, ambos beneficiosos: la soluble y la insoluble.

La fibra soluble absorbe el agua y se convierte en un gel (piensa en lo que ocurre cuando mezclas agua y hojuelas de avena o semillas de chía). Ayuda a reducir el colesterol porque impide que se absorba parte del colesterol de la dieta. Con el tiempo, esto puede reducir los niveles de colesterol. La fibra soluble también ayuda a mantener estables los niveles de azúcar en sangre, porque ralentiza la digestión de los carbohidratos. Además, alimenta las bacterias buenas del intestino, lo que ayuda a mantener sano el aparato digestivo y fuerte el sistema inmunitario.[29]

La fibra insoluble no absorbe agua (piensa en qué pasa si mezclas col rizada picada con agua). Actúa como una escoba, limpiando el tracto digestivo y garantizando un movimiento regular. Añade volumen a las heces, lo que evita el estreñimiento.

Aunque la carne y la leche no contienen fibra, todos los alimentos vegetales contienen fibra soluble e insoluble en distintas proporciones.[30]

Las personas que siguen una dieta occidental estándar ingieren entre 10 y 15 gramos de fibra al día. Esto está muy lejos de los 40 gramos recomendados para la salud.[31] Cuando se sigue una dieta basada en plantas, obtener suficiente fibra rara vez es un problema.

Los carbohidratos no son el enemigo, ¡ni mucho menos! Los estudios demuestran que las personas que siguen una dieta que contiene muchos carbohidratos complejos procedentes de alimentos enteros y naturales (cereales integrales, legumbres, frutas y verduras) tienen menos riesgo de padecer obesidad, diabetes de tipo 2 y enfermedades cardiacas.[32]

Puedes consultar en el Anexo la lista completa de carbohidratos complejos que puedes incluir en tu dieta.

He aquí algunas formas de empezar a añadir más carbohidratos complejos y fibra a tu día a día:

- Comienza tu día con cereales integrales: por ejemplo, un tazón de hojuelas de avena (evita la avena instantánea porque suele estar hecha con avena refinada, que contiene menos fibra), granola o muesli hechos con cereales integrales, frutos secos y semillas (revisa la etiqueta y asegúrate de que los cereales integrales sean el primer ingrediente y de que contengan poco o nada de azúcar añadido).
- Cambia el pan por una variedad integral: es una forma sencilla de añadir más fibra a tu día. Además, el pan integral es más saciante y te mantendrá más lleno que el pan blanco.
- Cambia tu pasta o fideos habituales por variedades integrales: los fideos de trigo sarraceno, la pasta integral de espelta, o incluso la pasta hecha con alubias o lentejas, son una forma fácil de añadir más carbohidratos complejos a tu vida.
- Busca más allá del pasillo del pan: Sacia tu antojo de carbohidratos con verduras ricas en almidón como las batatas (camotes), las zanahorias y nabos. Pueden asarse y utilizarse en sándwiches, wraps o ensaladas.
- Experimenta con distintos cereales: Prueba cosas nuevas, como la quinoa, el trigo sarraceno, el cuscús, el arroz negro, el mijo o la cebada. Ahora hay montones de tipos de pasta con alubias, e ¡incluso cuscús a base de guisantes!

¿SON LAS FRUTAS CARBOHIDRATOS SIMPLES O CARBOHIDRATOS COMPLEJOS?

¡Los dos! Las frutas contienen carbohidratos simples (fructosa), pero también contienen fibra (sobre todo en su piel y semillas) y otros nutrientes, como antioxidantes y fibra. Así que puedes considerar la fruta un alimento con carbohidratos complejos, y una excelente adición a una dieta equilibrada.

Las mejores frutas son las que son coloridas, bajas en azúcar y tienen cáscara y/o semillas comestibles (asegúrate de comprar frutas orgánicas si no vas a pelarlas), como las moras, las fresas, las manzanas, los kiwis, la sandía y la papaya.

Para gozar de una salud óptima y absorber todas las bondades de la fruta, evita los zumos o batidos de fruta y cómetela entera. La regla básica es elegir siempre alimentos integrales en lugar de procesados.

GRASAS SALUDABLES

Antes de que los carbohidratos fueran desprestigiados, las grasas eran las responsables de todos nuestros males. Los años 80 nos trajeron las dietas sin grasas, pero no sirvieron para frenar el crecimiento de nuestras cinturas ni para reducir el número de infartos. Esto demuestra que centrarse simplemente en un grupo de alimentos no es la solución.

La grasa no es el enemigo. Ni mucho menos. De hecho, la necesitamos para funcionar. El cerebro está compuesto principalmente de grasa. La capa protectora que rodea algunas neuronas, conocida como vaina de mielina, está compuesta de grasa. Las membranas celulares están compuestas de grasa. Nuestro hígado necesita grasa para producir hormonas.

Pero, por supuesto, al igual que los carbohidratos y las proteínas, la calidad de las grasas es importante. Es mejor evitar ciertas grasas, mientras que otras deben ocupar un lugar destacado en el plato.

Existen cuatro tipos principales de grasas: grasas saturadas, grasas transaturadas, grasas monoinsaturadas y grasas poliinsaturadas. Las dos primeras suelen ser sólidas a temperatura ambiente (como la grasa animal, la mantequilla o el aceite de coco), mientras que las dos segundas suelen ser líquidas (como el aceite vegetal).

La postura aceptada y excesivamente simplificada es que las grasas saturadas son malas porque aumentan el colesterol, mientras que las insaturadas son buenas porque pueden reducirlo. Ambas afirmaciones no son tan "en blanco y negro" como parecen.

En lo que respecta a las grasas saturadas y el colesterol, solo el 20% del colesterol del cuerpo procede de los alimentos, el resto lo produce el organismo.[33] Sin embargo, comer demasiadas grasas saturadas provoca un aumento del colesterol LDL (que es el colesterol "malo" que aumenta el riesgo de enfermedades cardiacas y accidentes cerebrovasculares). La dieta occidental estándar contiene mucha grasa saturada debido a su elevada proporción de carne, lácteos y huevos. Dicho esto, no todas las grasas saturadas son malas: algunas son buenas para la salud. El aceite de coco, por ejemplo, contiene grasas saturadas junto con ácido láurico, que aumenta el colesterol HDL (el tipo de colesterol bueno que reduce el riesgo de cardiopatías).[34]

Si nos fijamos en las grasas insaturadas, su halo de salud no es tan brillante como nos han hecho creer. La mayoría de las grasas insaturadas que consumimos proceden de aceites vegetales como el de canola, maíz y soja. Estos cultivos se rocían intensamente con pesticidas o se modifican genéticamente (en EE.UU., el 94% de los cultivos de soja, el 95% de los de canola y el 92% de los de maíz son OMG[35]). As a result, the oils contain residues of pesticides and fertilizers, which Como resultado, los aceites contienen residuos de pesticidas y fertilizantes, que se ha demostrado que dañan la salud intestinal[36] y están implicados en el cáncer (en 2015, el Centro Internacional de Investigaciones sobre el Cáncer clasificó el glifosato, el herbicida más utilizado en el mundo, como carcinógeno del Grupo 2A[37]).

La forma en que se fabrican estos aceites tampoco augura nada bueno para su contenido en nutrientes. A diferencia del aceite de oliva o de coco, que pueden obtenerse simplemente prensando el fruto, los aceites vegetales tienen que someterse a un gran procesamiento químico (hay que calentarlos, mezclarlos con disolventes para extraer los aceites y, a continuación, desodorizarlos y tratarlos para mejorar el olor, el color y el sabor[38]). Como hemos demostrado, cuanto más se procesan los alimentos, menos beneficiosos son para la salud.

Y aún hay más. Estos aceites son altos en Omega-6. Lo que a primera vista suena bien. Todos hemos oído hablar de los beneficios de los ácidos grasos Omega-3 y Omega-6. Necesitamos ambos porque el cuerpo no produce ninguno de ellos. Ambos son nutrientes saludables para el cerebro y se necesitan para ayudar al organismo a combatir la inflamación. Pero solo en las proporciones adecuadas.

La proporción ideal de Omega-3 y Omega-6 oscila entre 1:1 y 1:3. En otras palabras, necesitamos consumir más o menos la misma cantidad de cada uno, o sólo un poco más de Omega-6 que de Omega-3. La dieta occidental estándar, con su comida para llevar y sus alimentos fritos, es demasiado rica en Omega-6. Comemos unas veinte veces más Omega-6 que Omega-3. El resultado son niveles más altos de inflamación crónica.

El organismo utiliza los Omega-6 y Omega-3 para producir unas moléculas llamadas eicosanoides que intervienen en las respuestas inflamatorias del organismo. Los eicosanoides producidos a partir del Omega-6 son proinflamatorios, mientras que los producidos a partir del Omega-3 son antiinflamatorios. Ambos son necesarios porque, como hemos visto antes, la inflamación (cuando es aguda) es una acción beneficiosa. Pero demasiado Omega-6 significa que se crean más moléculas proinflamatorias en el cuerpo, y esto puede conducir a la inflamación crónica, que aumenta el riesgo de enfermedades como las cardiovasculares, la obesidad y la enfermedad de Alzheimer.[39]

Para contrarrestarlo, necesitamos reducir nuestro consumo de Omega-6 y comer más alimentos ricos en Omega-3. Analizaremos más detenidamente el Omega-3 en la sección Micronutrientes. En el Anexo encontrarás una lista de grasas saludables que puedes incluir en tu dieta.

Formas de añadir grasas saludables a tu dieta:

- Cambia los aceites vegetales por aceite de oliva prensado en frío, aceite de coco, aceite de nuez, aceite de aguacate, aceite de sésamo o aceite de linaza. Utiliza aceite de coco o de aguacate para cocinar (ambos tienen un punto de humo alto, lo que los hace seguros para calentar a temperaturas más altas, y los otros para hacer aliños o añadir sabor a tus platos.
- ¡Come más aguacate! Cómelo en pan tostado, añádelo a tus ensaladas o mézclalo con cacao en polvo y miel de maple para hacer una rápida mousse de chocolate.
- Come frutos secos y semillas.
- Tuesta frutos secos o semillas con especias o hierbas y añádelos a tus comidas para obtener una textura, un sabor y unas grasas saludables adicionales.

EL COLESTEROL: ¿BUENO O MALO?

El colesterol es una sustancia rodeada de desinformación. No es tan simple como "el colesterol es malo". La verdad es que el hígado produce colesterol para ayudar a construir membranas celulares y hormonas sanas. Pero cuando se obtiene demasiado colesterol de nuestra dieta, surgen los problemas.

Existen dos tipos de colesterol: LDL (lipoproteína de baja densidad) y HDL (lipoproteína de alta densidad).

El colesterol LDL se conoce como "colesterol malo" porque contribuye a la arteriosclerosis (obstrucción de las arterias). El colesterol HDL se conoce como "colesterol bueno" porque ayuda a eliminar el colesterol LDL de los vasos sanguíneos.

Cuando se miden los niveles de colesterol, los médicos se fijan primero en el colesterol total y luego en la proporción de colesterol LDL y HDL para obtener una visión más precisa de la salud de una persona. Una mayor proporción de colesterol HDL indica un menor riesgo de enfermedad cardiaca. Lo ideal es que el colesterol total en sangre sea inferior a 150 mg/dl (miligramos por decilitro) y que la proporción entre colesterol total y HDL sea inferior a 4 a 1. Sin embargo, la proporción media de los estadounidenses es de 5 a 1, y casi 107 millones de estadounidenses tienen niveles de colesterol superiores a 200 mg/dl. El nivel promedio de colesterol de las víctimas de enfermedades coronarias es de 225 mg/ dl.

La mayor fuente de colesterol en nuestra dieta son los productos animales. La carne, los lácteos y los huevos elevan los niveles de colesterol y aumentan el riesgo de enfermedades cardiovasculares. En cambio, los alimentos integrales de origen vegetal hacen lo contrario: su fibra ralentiza la absorción del colesterol de la dieta y reduce la cantidad de colesterol producido por el hígado, lo que conduce a una reducción del riesgo de enfermedades cardiovasculares.[40]

OTRA PIEZA DEL ROMPECABEZAS: LA SALUD INTESTINAL

Ningún viaje hacia la salud está completo sin prestar atención a tu sistema digestivo y a las bacterias que lo habitan.

Tu intestino es una parte fundamental de tu salud. Ya hemos hablado de cómo el sistema inmunitario puede alterarse y desencadenar una inflamación crónica en respuesta a determinados alimentos. Una de las mejores formas de mejorar la salud es devolver el equilibrio al sistema inmunitario. Y para ello es fundamental cuidar el sistema digestivo.

Nos vemos como seres humanos completos y totalmente formados, pero eso no es todo. El cuerpo está formado por billones de microorganismos bacterianos. De hecho, estas células superan en número a las humanas en una proporción de 10 a 1.[41] Aunque esto pueda sonar un poco crudo, estas bacterias deben ser celebradas porque trabajan día y noche para mantenernos sanos. Son tu primera línea de defensa contra las enfermedades.

Tu sistema inmunitario cobra vida en el momento en que naces. Al atravesar el canal del parto, tu madre te sembró de bacterias. Estas bacterias, junto con las bacterias de la leche materna y los gérmenes con los que entraste en contacto de forma natural en tu primera infancia, constituyeron tu huella bacteriana única. Desde el nacimiento, estos microbios enseñaron a tu sistema inmunitario a responder a virus, gérmenes y otras amenazas. Tu capacidad para defenderte de las enfermedades depende en gran medida de que tengas una población bacteriana fuerte.

La mayor y más importante concentración de bacterias se encuentra en el intestino. Se trata de la pieza de resistencia de su sistema inmunitario; de hecho, algunos científicos creen que el 80% del sistema inmunitario se encuentra allí. Los microbios intestinales descomponen los alimentos en moléculas aprovechables, procesan los carbohidratos no digeribles (fibra) para producir vitaminas esenciales y desencadenan las respuestas inmunológicas protectoras adecuadas.

Esto significa que si tu intestino está debilitado, también lo estará tu sistema inmunitario. La buena noticia es que sabemos qué daña el intestino y cómo fortalecerlo.

El revestimiento intestinal es la barrera entre el organismo y los alimentos no digeridos. Cuando está sano, solo pueden pasar los alimentos transformados en moléculas útiles. Si el revestimiento intestinal se debilita (una afección conocida como intestino permeable o aumento de la permeabilidad intestinal), puede permitir que las partículas no digeridas se filtren en el torrente sanguíneo. Cuando esto ocurre, el sistema inmunitario reconoce estas partículas como extrañas y las ataca. El resultado es un aumento de la inflamación y cambios en el equilibrio bacteriano normal del intestino, que pueden provocar problemas digestivos y enfermedades crónicas.

La mayoría de las personas sufren de intestino permeable o desequilibrio bacteriano en algún grado, y la culpa la tiene nuestro estilo de vida moderno. Aquí te explico cómo:

- Dieta y alimentos inflamatorios: La dieta occidental estándar es rica en azúcar, grasas y alimentos procesados que alteran el equilibrio bacteriano del intestino. Los estudios demuestran que las dietas ricas en carne provocan disbiosis intestinal[42] (término que describe cuando las bacterias malas superan en número a las buenas).
- Residuos de pesticidas: Los productos químicos utilizados para cultivar nuestros alimentos tienen un impacto negativo en nuestro intestino. Las investigaciones demuestran que, incluso en los niveles "seguros" permitidos, el glifosato reduce las bacterias buenas (sobre todo las lactobacillus, que ayudan a combatir la inflamación), al tiempo que aumenta las bacterias malas (como la prevotella, asociada a respuestas inmunitarias hiperactivas e inflamación de bajo grado).[43]
- Los antibióticos: Son útiles, pero destruyen todas las bacterias, incluidas las buenas.
- Ambientes ultra desinfectados: Nuestra afición a desinfectarlo todo hace que estemos menos expuestos a las bacterias que se producen de forma natural.
- Falta de fibra: La fibra alimenta las bacterias buenas del intestino. Es más, no comer suficiente fibra provoca estreñimiento, y cuando los residuos permanecen en el intestino, se producen desequilibrios en las bacterias intestinales que debilitan el revestimiento intestinal.

¿TIENES UN INTESTINO PERMEABLE?

Estos son los síntomas con los que te vendría bien dar una mano a tu intestino:

- Afecciones cutáneas como acné, psoriasis, eczema.
- Reflujo ácido
- Alergias
- Enfermedades frecuentes
- Problemas de estado de ánimo, como niebla cerebral, ansiedad, depresión
- Fatiga
- Exceso de peso
- Articulaciones hinchadas, enrojecidas o doloridas
- Molestias digestivas como hinchazón, diarrea o estreñimiento
- Problemas para dormir

Sí es posible reequilibrar el intestino.

Se trata de un sencillo proceso de dos pasos:

1. Evita los alimentos inflamatorios: Esto significa reducir el consumo de alimentos procesados y evitar la carne y los lácteos. La buena noticia es que ¡has elegido este libro exactamente en el momento adecuado!
2. 2. Incluye alimentos beneficiosos para el intestino: Es decir, alimentos que contengan bacterias beneficiosas (alimentos fermentados o probióticos) y alimentos que contengan fibra respetuosa con el intestino (alimentos integrales de origen vegetal).

En el Anexo encontrarás una práctica lista de alimentos fermentados que favorecen el tránsito intestinal, así como consejos para añadirlos a tu dieta.

Ahora que ya conocemos los macronutrientes que debemos añadir a nuestra dieta para mantener un buen estado de salud, veamos qué micronutrientes nos ayudarán a recuperarnos.

MICRONUTRIENTES

Estas pequeñas fuentes de energía son esenciales para una buena salud. El cuerpo utiliza vitaminas, minerales y antioxidantes para muchas de sus funciones.

Lo primero que diré sobre los micronutrientes es lo siguiente: si sigues una dieta compuesta principalmente por alimentos vegetales, obtendrás los micronutrientes que necesitas para gozar de una salud óptima. Dicho esto, cuando cambias al veganismo, es importante centrarse en ciertos nutrientes clave para asegurarse de que obtienes las cantidades adecuadas.

En esta sección, abordaré los principales. En el Anexo encontrarás una tabla con todas las vitaminas y minerales esenciales y dónde puedes encontrarlos.

OMEGA-3

Los ácidos grasos Omega-3 son esenciales para mantener y proteger las membranas celulares, especialmente las del cerebro, los ojos y el sistema cardiovascular, así como para el sistema endocrino (la red de glándulas que producen las hormonas).[44] El cuerpo utiliza el Omega-3 para producir moléculas que ayudan al sistema inmunitario a combatir la inflamación, lo que lo convierte en una herramienta muy útil para reducir la inflamación crónica y devolver el equilibrio al organismo.

La mayoría de la gente oye "Omega-3" y piensa instantáneamente en "aceite de pescado". Pero ¿sabía que los peces obtienen su Omega-3 de las plantas en forma de algas? El problema de dar prioridad al pescado y a los aceites de pescado para obtener suficiente Omega-3 es que estos productos también contienen sustancias químicas (metales pesados y contaminantes como dioxinas, mercurio y micro plásticos) que, irónicamente, ponen en peligro tu salud. Eso por no hablar de los problemas medioambientales, éticos y de crueldad animal que rodean a la piscicultura.

Existen tres ácidos grasos Omega-3:

- Ácido alfa-linolénico (ALA): presente en plantas como la linaza, que el organismo convierte en EPA y DHA.
- Ácido eicosapentaenoico (EPA): se encuentra en el pescado y los aceites de pescado.
- Docosahexaenoico (DHA): se encuentra en el pescado y los aceites de pescado

Los peces obtienen su ALA Omega-3 de las algas y luego lo convierten en EPA y DHA. Esta conversión puede ser difícil para el cuerpo humano, razón por la cual algunas personas insisten en que el pescado es esencial para obtener suficiente Omega-3. Te mostraré por qué esto no es del todo cierto.

Según una investigación de la Universidad Cochrane, el EPA y el DHA del pescado azul y de los suplementos de aceite de pescado tienen poco o ningún efecto sobre la salud del corazón.[45] Por otro lado, una revisión de estudios publicada en el British Journal of Nutrition descubrió que el ALA de los alimentos vegetales ayuda a reducir el riesgo de enfermedades del corazón.[46] Dicho de otro modo: el Omega-3 de origen vegetal es mejor para ti.

Puedes obtener tu Omega-3 directamente de la fuente (plantas) en lugar del intermediario (el pescado). De hecho, un estudio descubrió que las personas con dietas veganas obtienen, de media, más de la ingesta recomendada de Omega-3.[47]

Estos son siete alimentos ricos en Omega-3:

- Semillas de chía: 4.915 mg de Omega-3 por onza (28 g)
- Semillas de cáñamo 6.000 mg de Omega-3 por onza (28 g)
- Semillas de lino: 6.388 mg de Omega-3 por onza (28 g)
- Nueces: 2.542 mg de Omega-3 por onza (28 g)
- Suplemento de aceite de algas: Normalmente 300-500 mg de Omega-3 por cápsula
- Aceite de perilla (elaborado a partir de semillas de perilla, muy utilizado en la cocina coreana): 9.000 mg de Omega-3 por cucharada sopera (14 g)

Otros alimentos vegetales también contienen Omega-3, por ejemplo:

- Alubias: 300 mg por taza
- Coles de Bruselas: 270 mg por taza
- Calabaza: 190 mg por taza
- Acelgas: 180 mg por taza
- Coliflor: 210 mg por taza
- Garbanzos: 70 mg por taza
- Semillas de calabaza: 160 mg por taza
- Semillas de girasol: 120 mg por taza

Formas de añadirlos a tu dieta:

- Prepara un pudin de chía y tómalo para desayunar o como un tentempié.
- Espolvorea semillas de chía, cáñamo o lino en los cereales del desayuno o en otras comidas.
- Añade semillas de chía, cáñamo o lino a tus batidos.
- Haz bolas energéticas o barritas de cereales con semillas de chía, cáñamo, lino y/o nueces (avellanas).
- Tuesta las nueces y añádelas a las ensaladas o toma un puñado como tentempié.
- Utiliza aceite de perilla en lugar de otros aceites (quedaría muy bien en un guiso salteado o al curry).
- Asa coliflores o calabazas con especias de curry y sírvelas como guarnición, o mézclalas en una sopa cremosa.
- Saltea las hojas de berza (acelgas) con un poco de ajo para obtener una guarnición saludable, o añádelas a platos salteados.

B12

La vitamina B12 es esencial para el sistema nervioso, los glóbulos rojos y la producción de ADN. Una ingesta insuficiente puede provocar anemia megaloblástica, en la que la médula ósea produce glóbulos rojos anormales e inmaduros. Si esto ocurre, las células sanguíneas no pueden transportar suficiente oxígeno por el cuerpo. Esto provoca fatiga, aturdimiento y latidos irregulares del corazón. Si no se trata, puede provocar daños irreparables en los nervios.[48]

Este es el único nutriente del que los veganos tienen que preocuparse porque en el mundo actual la B12 se encuentra exclusivamente en la proteína animal. Esto significa que tendrás que obtener tu B12 a través de suplementos. Un suplemento de B12 es absolutamente innegociable en la transición a una dieta vegana. Echa un vistazo al recuadro de abajo para conocer la historia de la B12.

Afortunadamente, muchos alimentos veganos, como los productos de soja, las leches vegetales y los cereales, están enriquecidos con B12. La ingesta recomendada de B12 es de 2.4 microgramos al día, así que revisa la etiqueta para ver qué cantidad aportan estos alimentos. La opción más sencilla, económica y cómoda es tomar un suplemento de buena calidad.

Las fuentes veganas de B12 incluyen:

- Extracto de levadura (como Marmite)
- Levadura nutricional (¡genial para añadir sabor a queso sin lácteos!)
- Cereales de desayuno enriquecidos con B12
- Leches vegetales enriquecidas con B12
- Productos de soja enriquecidos con B12
- ESENCIAL: multivitamínico vegano de buena calidad que contenga B12

Intenta ingerir diariamente 3 microgramos de B12 a través de los alimentos, o toma un suplemento de al menos 10 microgramos de B12 al día. Aunque este consumo es superior al recomendado, te garantizará una ingesta suficiente de este nutriente. El cuerpo solo absorbe unos 10 microgramos de un suplemento de 500 microgramos de B12.[49]

Por ello, PETA recomienda consumir suficientes alimentos enriquecidos para obtener 3 microgramos al día o tomar un suplemento diario de cianocobalamina B12 (que el organismo convierte en las dos formas activas de B12, metilcobalamina y adenosilcobalamina).[50]

EL ESLABÓN PERDIDO: EL MISTERIO DE LA VITAMINA PERDIDA DE LA NATURALEZA

La escurridiza y misteriosa B12 es el único nutriente que los veganos no pueden obtener de una dieta totalmente vegetal. Es el eslabón perdido, y siempre me ha preocupado e intrigado. Sentí curiosidad por saber cómo sobrevivieron y evolucionaron nuestros antepasados, en su mayoría vegetarianos. Me sentía un poco engañado por la Madre Naturaleza.

Así que investigué un poco y encontré explicaciones interesantes, así como una teoría aceptada por la mayoría de los historiadores sobre la flagrante omisión de nuestro ecosistema.

La B12 no es producida por plantas o animales, sino por bacterias que cubren la tierra. Básicamente, se encuentra en la tierra. Durante la mayor parte de la historia de la humanidad, y antes de las prácticas modernas de higiene, los restos de esta bacteria del agua, la tierra y los vegetales llegaban a nuestros dedos y a nuestras bocas e intestinos, dándonos la B12 que necesitábamos para sobrevivir y evolucionar, independientemente de si nuestros antepasados tenían los métodos o las habilidades para matar animales salvajes (que a menudo no tenían).

Nuestros parientes más cercanos, los gorilas, obtienen la B12 de la ingestión accidental de tierra (que contiene bacterias) como parte de su dieta basada en plantas. Los primeros humanos obtenían mucha B12 de la tierra y del agua potable de ríos y arroyos que contienen bacterias productoras de B12. Sin embargo, en el mundo desinfectado de hoy en día, el agua se suele clorar para eliminar las bacterias. Esto es positivo, ya que no contraemos el cólera a través de nuestros suministros de agua. Pero el inconveniente es que tampoco obtenemos B12. Es más, debido a los procesos agrícolas intensivos y a la sobreexplotación agrícola, nuestros suelos ya no contienen bacterias productoras de B12. Este es un problema al que nos enfrentamos tanto nosotros como nuestros animales de granja.

El ganado vacuno obtiene B12 de forma natural de los terrones de tierra que rodean los pastos; las gallinas obtienen su B12 picoteando la tierra en busca de lombrices e insectos. No así los animales criados en granjas industriales. Se les mantiene encerrados y nunca ven la tierra en toda su vida, por lo que tendrían deficiencia de B12 si no fuera por la suplementación. Estas condiciones artificiales hacen que el argumento de que "lo vegano no es natural" parezca algo irónico.

¿Sabías que el 90% de los suplementos de B12 se administran a animales de granja? Ellos también reciben suplementos.

En otras palabras, las personas que comen carne simplemente reciben B12 de los suplementos que se dan a los animales. ¿No es mucho mejor simplemente tomar un suplemento de B12 y evitar al intermediario, o a la vaca?

Por cierto, no son solo los veganos los que corren el riesgo de padecer deficiencia de B12. El Framingham Offspring Study descubrió que el 39% de la población tiene niveles bajos o muy bajos de B12. Curiosamente, no había diferencia entre los que comían carne y aves y los que no. Las personas con los niveles más altos de B12 eran las que comían alimentos enriquecidos con B12 y las que tomaban un suplemento de B12.

La historia secreta de la vitamina B12 revela la hipocresía y la corrupción de nuestros sistemas alimentarios y de la agricultura moderna.

CALCIO

"El cuerpo humano no necesita más leche de vaca que de perro, caballo o jirafa."

Dr. Michael Klaper[51]

El calcio es vital para tener unos huesos fuertes y mucho más. El corazón, los músculos y los nervios también necesitan calcio para funcionar correctamente. El calcio, junto con la vitamina D (que el organismo necesita para absorber el calcio y aprovecharlo), podría incluso tener un efecto protector contra el cáncer, las enfermedades cardiacas y la hipertensión.[52]

Nos han repetido hasta la saciedad que la única forma de fortalecer los huesos es consumiendo lácteos. Es hora de acabar con este mito. La razón por la que la leche contiene calcio es que las plantas verdes extraen el calcio del suelo a través de sus raíces y lo introducen en sus hojas.

También en este caso, las vacas son el intermediario: ellas se comen la hierba y nosotros nos bebemos su leche. Tenemos otra opción: ir directamente a la fuente. No pretendo sugerirte que empieces a comer hierba, pero las verduras de hoja verde son una sabrosa alternativa.

Necesitas unos 1,000 miligramos de calcio al día. Muchos alimentos veganos, como la leche de origen vegetal, están enriquecidos con calcio; ¡muchos incluso contienen más calcio que la leche!

Puedes obtener todo el calcio que necesitas de las verduras de hoja verde (como las acelgas, el brócoli y la col rizada), así como de otros alimentos vegetales (enumerados a continuación). Esto ofrece un doble beneficio: el calcio sin crueldad animal y con fibra y antioxidantes añadidos que favorecen la salud (mientras que un vaso de leche contiene grasas saturadas que aumentan el riesgo de enfermedades crónicas[53]).

Las fuentes de calcio de origen vegetal son:[54]

- Tofu: 774 mg de calcio por 110 g (4 onzas)
- Col rizada: 267 mg de calcio por taza
- Acelgas: 101 mg de calcio por taza
- Semillas de sésamo: 1404 mg de calcio por taza
- Berza: 93 mg de calcio por taza
- Bok choi: 158 mg de calcio por taza
- Almendras: 240 mg de calcio por taza
- Col: 63 mg de calcio por taza
- Higos: 17 mg de calcio por higo mediano
- Lentejas: 37 mg de calcio por taza
- Pan y leche vegetal con calcio añadido (fíjate en la etiqueta para saber la cantidad de calcio)

Consejos para añadir más calcio a tu dieta:

- Come vegetales verdes: Incluye una porción de verduras como la col rizada o la berza en tu día añadiéndolas a guisos salteados, salteándolas en aceite de oliva y ajo, o cocinándolas al vapor y añadiéndolas a la pasta para una comida verde llenadora.
- Come tofu: Puedes marinarlo en miel de maple, jengibre y cúrcuma, o en distintas especias, y luego freírlo, hornearlo o asarlo y servirlo junto con verduras y cereales. También puedes añadirlo a tus currys y guisos, o probar el tofu revuelto en lugar de huevos. También puedes añadir tofu sedoso a sopas cremosas y batidos para obtener una dosis extra de proteínas que también te aportará el calcio que necesitas.
- Come higos secos y almendras.
- Prepare hummus mezclando garbanzos, tahini (pasta de semillas de sésamo), aceite de oliva y ajo. Guárdalo en la nevera como tentempié o para untar en bocadillos.
- Elige leche vegetal con calcio añadido (pero revisa la etiqueta y evita las variedades con azúcar añadido y conservantes).

HIERRO

Otro nutriente para el que nos dicen que necesitamos productos animales, y otro nutriente que podemos obtener más eficazmente de las plantas. El hierro es esencial para mantener la sangre sana, ya que ayuda al organismo a producir glóbulos rojos. Si no se obtiene suficiente hierro, el resultado es la anemia ferropénica. Esta enfermedad afecta cada año a entre 4 y 5 millones de estadounidenses y es la carencia nutricional más común del mundo.[55]

Todos los animales obtienen el hierro de... ya sabes la respuesta: ¡las plantas! Por lo tanto, podemos obtener hierro tanto de las plantas como de los animales. Pero la clave es el equilibrio. Un exceso de hierro hemo puede desencadenar la producción de radicales libres, que dañan las células, desencadenan enfermedades, provocan un envejecimiento prematuro y se han relacionado con varios tipos de cáncer.[56] Para entenderlo mejor, veamos las dos formas de hierro: hemo y no hemo.

El hierro hemo sólo se encuentra en los productos de origen animal (carne, aves y productos del mar). El hierro no hemo se encuentra en alimentos vegetales (cereales integrales, frutos secos, semillas, verduras de hoja verde y legumbres). El organismo absorbe el hierro hemo de los productos animales independientemente de su nivel actual de hierro. Esto significa que su cuerpo lo absorbe de los productos animales, tanto si necesita hierro como si no. El hierro hemo elude los intentos del organismo de controlar la absorción de hierro. Esto puede conducir a altos niveles de hierro (y la formación de radicales libres que he mencionado anteriormente, lo que lleva a un mayor riesgo de envejecimiento prematuro y algunos tipos de cáncer).

Por otra parte, el organismo puede ajustar la absorción de hierro no hemo en función de los niveles de hierro: se absorbe más cuando se necesita y menos si los niveles son demasiado altos. Esto significa que puede comer plantas ricas en hierro sin preocuparse por la toxicidad del hierro. Y esto es lo que da al hierro no hemo una ventaja definitiva sobre el hierro hemo. Otra victoria para las plantas. Ahora sé por qué mi madre siempre me decía que me acabara las verduras.

En lo que respecta a los suplementos de hierro, es mejor evitarlos a menos que lo indique un médico. Puedes obtener mucho hierro de una dieta equilibrada basada en plantas. La cantidad recomendada de hierro es de 8 miligramos al día para los hombres adultos y de 18 miligramos al día para las mujeres adultas.[57]

Las fuentes más ricas en hierro incluyen:[58]

- Soja: 8.8 mg de hierro por taza
- Lentejas: 6.5 mg de hierro por taza
- Espinacas: 6.4 mg de hierro por taza
- Semillas de sésamo: 21.6 mg de hierro por taza
- Garbanzos: 4.7 mg de hierro por taza
- Aceitunas: 4.4 mg de hierro por taza
- Alubias (frijoles) rojas: 3.9 mg de hierro por taza
- Acelgas: 3.9 mg de hierro por taza
- Alubias (frijoles) negras: 3.6 mg de hierro por taza
- Semillas de calabaza: 2.8 mg de hierro por taza
- Guisantes verdes (chícharos): 2.8 mg de hierro por taza
- Comino: 2.7 mg de hierro por 2 cucharaditas
- Hojas de remolacha (betabel): 2.7 mg de hierro por taza
- Espárragos: 1.6 mg de hierro por taza
- Puerros: 1.1 mg de hierro por taza

Ideas para incorporar más hierro a tu dieta:

- Utiliza soja en tus guisados, ensaladas y estofados tipo "chili"
- Tuesta las semillas de calabaza y prepara una saludable mezcla de frutos secos para picar.
- Prepare un plato con sabor a comino, por ejemplo, espolvoreando comino sobre calabaza o batatas (camotes) y asándolas, o añadiéndolo al hummus o a salsas de judías para darle un toque picante.
- Pica aceitunas o prepara un tapenade de aceitunas para picar y añadir a tus sándwiches.
- Añade lentejas a tu ensalada del mediodía para obtener proteínas y hierro adicionales.
- Prepara un aderezo de tahini (pasta de sésamo) y rocíalo sobre tus ensaladas o utilízalo como un dip para verduras.

ZINC

El zinc es otro nutriente esencial para la salud. Desempeña un papel importante en muchos procesos, por ejemplo, mantiene fuerte el sistema inmunitario (por eso lo encontrarás a menudo en muchos remedios de venta libre para el resfriado[59]), ayuda a cicatrizar heridas e incluso agudiza los sentidos del gusto y el olfato (muy importante para saborear y oler los deliciosos alimentos vegetales que prepararás como parte de tu viaje hacia el veganismo). El zinc también es vital para un embarazo saludable y ayuda al crecimiento y desarrollo durante la infancia.

Este es otro nutriente que tradicionalmente pensamos que solo se obtiene de la carne y los lácteos. Sin embargo, una dieta vegana bien planificada proporciona cantidades adecuadas de zinc. Investigadores del Medical Journal of Australia descubrieron que las personas que siguen una dieta basada en plantas pueden absorber y retener mejor el zinc. Es más, sus investigaciones indican que los veganos no corren mayor riesgo de padecer deficiencia de zinc que los no veganos.[60]

La cantidad diaria recomendada de zinc es de 11 miligramos al día para los hombres adultos y de 8 miligramos al día para las mujeres adultas.[61]

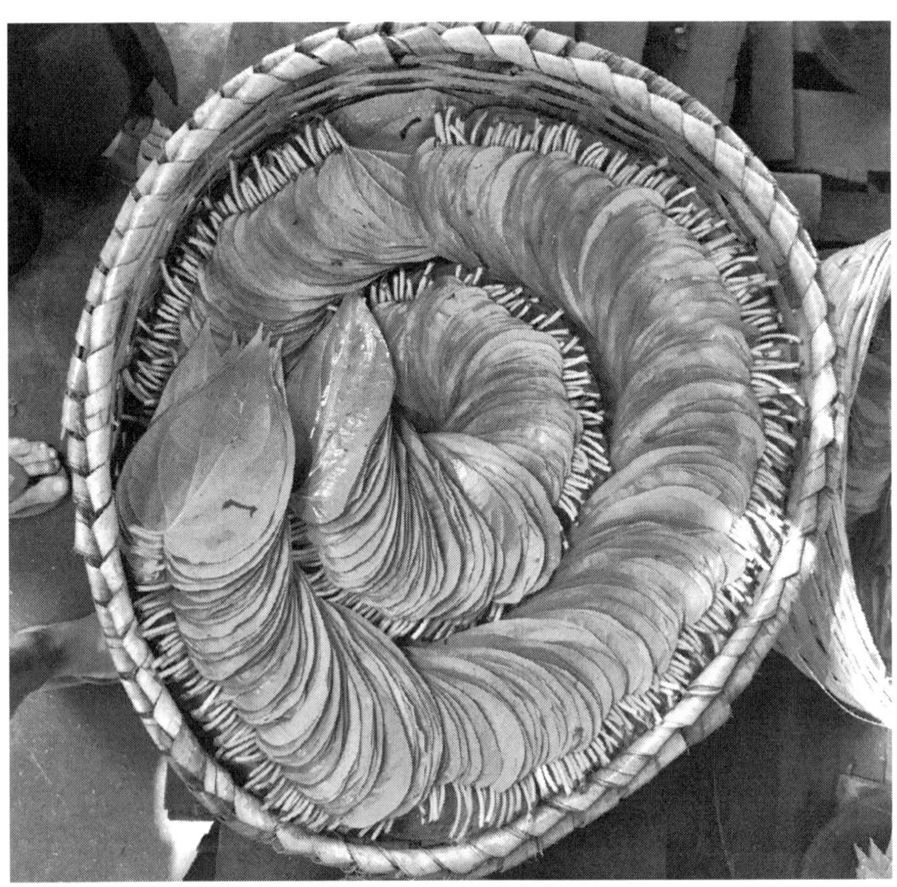

Las fuentes vegetales de zinc incluyen:[62]

- Espinacas: 1.4 mg de zinc por taza
- Espárragoss: 1.1 mg de zinc por taza
- Hongos shiitake: 2 mg de zinc por taza
- Semillas de ajonjolí: 11.2 mg de zinc por taza
- Quinoa: 2.7 mg de zinc por taza
- Semillas de calabaza: 10 mg de zinc por taza
- Garbanzos: 2.5 mg de zinc por taza
- Lentejas: 2.5 mg de zinc por taza
- Anacardos (Castañas): 9.2 mg de zinc por taza
- Tofu: 1.8 mg de zinc por 4 onzas (110g)
- Guisantes verdes (chícharos): 1.6 mg de zinc por taza
- Avena: 6 mg de zinc por taza
- Calabaza: 0.7 mg de zinc por taza
- Brócoli: 0.7 mg de zinc por taza
- Acelgas: 0.6 mg de zinc por taza
- Pasta de miso: 0.5 mg de zinc por cucharada sopera

Ideas para añadir más zinc a tu vida:

- Utiliza hongos shiitake en lugar de champiñones castaños en tus salteados y currys.
- Fríe los hongos shiitake en una sartén con salsa tamari, salsa de soja o romero, y ponlos encima de pan integral para un brunch épico que potencie el zinc.
- Prepara un hummus casero de garbanzos y tahini y guárdalo en la nevera como tentempié o para servirlo en ensaladas y sándwiches.
- Merienda anacardos tostados o semillas de calabaza.
- Prueba la quinoa en lugar del arroz integral o la pasta.
- Empieza el día con un tazón de avena (gachas) o añade un puñado de avena a tus batidos.
- Prepara un rápido aderezo de estilo asiático mezclando pasta de miso, un poco de agua y un chorrito de limón para animar tus verduras o úsalo para marinar tofu.

VITAMINA D

También conocida como la vitamina del sol, la vitamina D es esencial para muchos procesos corporales. Por ejemplo, es esencial para unos huesos fuertes porque ayuda al organismo a absorber y utilizar el calcio. También interviene en el control del azúcar en sangre.

Algunos estudios han descubierto que la carencia de vitamina D puede aumentar el riesgo de padecer diabetes, ya que conduce a un control deficiente de la insulina.[63] Pero quizás aún más importante, la vitamina D es esencial para que el cuerpo produzca glóbulos blancos maduros y que funcionen bien (éstos son su primera línea de defensa contra las infecciones). Una revisión de estudios realizada por el British Medical Journal descubrió que los suplementos de vitamina D pueden proteger contra las infecciones agudas de las vías respiratorias[64], algo especialmente relevante en los tiempos actuales para ayudar a combatir el Covid.

Muy pocos alimentos contienen vitamina D de forma natural, y la mayoría son de origen animal, como el salmón, las sardinas, el atún, la leche de vaca y los huevos. Pero ni siquiera estos alimentos aportan cantidades adecuadas para salvarnos de la carencia de vitamina D.

En EE.UU., donde la carne y los lácteos se consumen en grandes cantidades, el 41.6% de la población tiene carencia de vitamina D.[65] Los seres humanos producen vitamina D de forma natural cuando las células de la piel se exponen a la luz solar. Pero como muchos de nosotros nos quedamos en casa y usamos protección solar, rara vez recibimos suficiente luz solar para aumentar nuestros niveles.

Entonces, ¿cuál es la respuesta?

Comer alimentos enriquecidos con vitamina D y tomar un suplemento de buena calidad. Asegúrate de elegir una marca vegana, porque los suplementos convencionales de vitamina D se derivan de la lanolina (una sustancia grasa que se encuentra en la lana de cordero).

Para evitar carencias, los Institutos Nacionales de Salud recomiendan una ingesta de 12 microgramos (o 600 UI - unidades internacionales) al día para los adultos.[66]

FUENTES DE VITAMINA D:[67]

- Champiñones blancos (expuestos a la luz ultravioleta para aumentar la concentración de vitamina D): 18.4 mg de vitamina D por taza.
- Leche de soja, almendra y avena enriquecida con vitamina D: 2.5 a 3.6 mg de vitamina D por taza.
- Cereales enriquecidos con vitamina D: 2 mg de vitamina D por ración (revisa la etiqueta).
- ESENCIAL: Suplemento vegano de vitamina D de buena calidad (consulta la etiqueta)

EMPIEZA A PONERLO EN PRÁCTICA

Convertirse en un REBEL VEGAN implica desafiar el sistema de creencias dominante y ver a través de las afirmaciones de la industria agrícola con fines de lucro acerca de que la carne y los productos lácteos son saludables. Espero haber podido transmitirte en este capítulo lo nutritiva que puede ser una dieta basada en plantas.

La carne y los lácteos no son alimentos mágicos que nos ofrecen todo lo que necesitamos para estar sanos, ni mucho menos. De hecho, podemos obtener todo lo que necesitamos de los alimentos vegetales.

Quizá te preguntes cómo se lleva esto a la práctica. El truco está en no complicarlo demasiado. Siempre que te asegures de que todos los macronutrientes están presentes en tus comidas, te darás a ti mismo lo que necesitas para una salud óptima. Una buena forma de visualizarlo es llenar la mitad del plato con verduras y repartir la otra mitad entre hidratos de carbono complejos y proteínas vegetales, y utilizar grasas saludables para dar sabor a los platos (por ejemplo, añadiendo un puñado de semillas tostadas o preparando un aliño cremoso con mantequillas de frutos secos o semillas).

En el siguiente capítulo encontrarás mi práctico programa de 4 pasos para la transición al veganismo. Ya tienes los conocimientos de nutrición, ahora toca la parte divertida: ponerlos en práctica. ¡Empecemos a veganizarnos!

BAJAR DE PESO CON UNA DIETA VEGANA

Este es un espacio libre de culpa, pero... creo que no les sorprenderá si les digo que hemos engordado durante la pandemia (un promedio de 7 libras o 3.17 kilogramos[68]), debido al estrés extra y a comer por comodidad. Esto no solo es malo para nuestra moral, sino que también nos pone en peligro de enfermar.

El aumento de peso es uno de los grandes factores de nuestras epidemias mundiales de enfermedades. Las investigaciones demuestran que las personas con exceso de peso tienen mayor riesgo de diabetes, cardiopatías, cáncer,[69] y coronavirus. Incluso un modesto aumento de peso puede conducir a un elevado riesgo de hospitalización por Covid.[70]

La buena noticia es que una dieta vegana puede ayudarte a eliminar el exceso de peso y los kilos de más que hayas podido ganar durante los tiempos de covid. He aquí cómo hacerlo:

MÁS FIBRA:

La fibra hace más lenta la digestión de los carbohidratos y el azúcar, lo que conduce a niveles de azúcar en sangre más estables y a un mejor control del apetito. En otras palabras, si comes más alimentos de origen vegetal, no sentirás tanta hambre entre comidas, por lo que picarás menos entre horas y, por tanto, controlarás mejor tu peso.

LAS PLANTAS AYUDAN A TU CUERPO A DESINTOXICARSE:

Tu cuerpo es muy inteligente. Cuando hay demasiadas toxinas para procesar, debido a la contaminación, el estrés y los alimentos procesados, las almacena en un lugar seguro donde pueden hacer menos daño: las células grasas. Una de las principales vías de desintoxicación es el sistema digestivo. Gracias al aumento de fibra procedente de las plantas, tus movimientos intestinales se vuelven regulares, y esto ayuda a tu cuerpo a deshacerse de las toxinas. El resultado es una pérdida de peso gradual, sostenible y saludable.

ANTIOXIDANTES:

Las plantas son las medicinas de la Madre Naturaleza. Las frutas, verduras, hierbas y especias de colores vivos contienen pigmentos vegetales que actúan como antioxidantes en el organismo. Los antioxidantes ayudan al organismo a neutralizar los radicales libres y las toxinas. Esto ayuda al cuerpo a liberar toxinas y, por tanto, a eliminar el exceso de peso.

ES UN ESTILO DE VIDA, NO UNA DIETA:

Las dietas no funcionan: se basan en estrategias a corto plazo que ofrecen resultados a corto plazo. Lo único que queremos hacer cuando estamos a dieta es dejar de estarlo. Esta mentalidad dietética conduce a una alimentación desordenada y a la desconexión con el cuerpo y el apetito.

Una dieta basada en las plantas, en cambio, se basa en la elección de alimentos que hacen bien a tu cuerpo y al planeta.

Esto cambia las reglas del juego.

Te da la oportunidad de crear una dieta que favorece a tu cuerpo, sabe muy bien y te ayuda a perder peso sin contar calorías ni restringirte.

YO SIEMPRE DIGO QUE EL VEGANISMO NO CONSISTE EN RESTRINGIR, SINO EN CONSTRUIR TU MEJOR VIDA.

¿QUÉ PASA CON LA DIETA KETO?

Todos hemos oído hablar de los beneficios para perder peso de una dieta cetogénica centrada en la carne. Pero estos resultados están inflados como táctica de marketing. La verdad es que perderás más peso y estarás más sano si te pasas a una dieta basada en plantas. Esto ha sido confirmado por un estudio que compara la pérdida de peso de una dieta ceto (Keto) con una dieta vegana. Los participantes que siguieron una dieta vegetal rica en carbohidratos comieron más pero perdieron grasa corporal y conservaron músculo, mientras que los que siguieron una dieta cetogénica rica en carne comieron menos pero conservaron grasa y perdieron músculo.

Los investigadores atribuyeron estos resultados al hecho de que los alimentos vegetales contienen más fibra. La fibra ayuda a mantenerse saciado durante más tiempo, mejora la salud intestinal y favorece una de las principales vías de desintoxicación del organismo (tu tracto digestivo), todo lo cual contribuye a liberar el exceso de peso.[71]

Como puedes ver, la dieta vegana es tu mejor aliada cuando se trata de perder peso de forma saludable y sostenible!

CONSEJOS PRÁCTICOS PARA PERDER PESO:

- **Llénate de fibra**. Sacia tu hambre comiendo una segunda ración de verduras o cereales. La fibra extra te mantendrá saciado y ayudará a tu cuerpo a liberar el exceso de peso.

- **Come suficientes proteínas**. Los alimentos ricos en proteínas son los que más te llenan y, por tanto, te ayudan a controlar el apetito. Añade legumbres o tofu a tus comidas, pica frutos secos o semillas, o añade una cucharada de proteína vegana en polvo a tus batidos.

- **Empieza el día con un vaso grande de agua**. A menudo confundimos la sed con el hambre. Mantenerte bien hidratado hace que no te apetezca comer entre horas. Además, ayuda a los riñones a eliminar toxinas, lo que puede contribuir a eliminar el exceso de peso.

- **Limita los alimentos procesados**. Contienen mucho azúcar y grasa, por lo que tendemos a comerlos en exceso (¡porque saben bien!) y a engordar. En su lugar, céntrate en los alimentos integrales. En el Anexo encontrarás una lista de alternativas sencillas, sabrosas y saludables a los alimentos procesados más comunes.

- **Lea la etiqueta**. Los ingredientes se enumeran por orden de proporción. Si el azúcar es el primer, segundo o tercer ingrediente, deja el alimento en la estantería. Si los ingredientes parecen de un experimento químico, significa que el alimento está muy procesado y es mejor evitarlo.

- **Planifica con anticipación**. Llena tu refrigerador de bocadillos saludables que puedas tomar rápidamente si te entra un antojo. Hummus y verduras, galletas de mantequilla de cacahuete y avena, frutos secos y semillas, y barritas de cereales caseras son buenas opciones que te nutrirán y te ayudarán a evitar los alimentos procesados.

- **Despacio y con constancia se gana la carrera**. No has engordado de la noche a la mañana y tu cuerpo tardará un poco en deshacerse del exceso de peso. Sé paciente y amable contigo mismo.

2
4
1
3

5

CUATRO PASOS PARA SER VEGANO

GUÍA DEL REBEL VEGINNER (REBELDE VEGANO PRINCIPIANTE)

"No puedes volver atrás y cambiar el principio,
pero puedes empezar donde estás y cambiar el final."

C. S. Lewis

Ahora viene la parte divertida: poner en práctica tus conocimientos. Al fin y al cabo, el conocimiento es poder, pero solo cuando se traduce en acción marca la diferencia. O, como yo digo, la compasión sin acción no es más que observación.

La Guía del Vegano Rebelde Principiante presenta un programa fácil y atractivo sobre cómo eliminar los productos animales de tu dieta y adoptar una vida acorde con tus valores. Lo he organizado de manera que cada paso y cada momento de la comida se apoyen con recetas divertidas y sencillas al final de este libro.

En cada etapa, consulta las recetas correspondientes en el capítulo 9 para mantenerte motivado e inspirar un cambio duradero.

Siempre digo que el veganismo—como la vida—es un viaje. Así que tómame de la mano y empecemos esta nueva aventura. ¡Veganicemos nuestras vidas!

UN CAMBIO DURADERO

P: ¿Cuántos carnívoros hacen falta para cambiar una bombilla?
R: Ninguna. ¡Prefieren permanecer en la oscuridad!

La mejor manera de hacer cambios y mantenerlos es ir poco a poco, sobre todo cuando se trata de cambiar algo tan integral como la dieta. Cambiar gradualmente un producto animal cada vez da tiempo a tu cuerpo y a tu mente para adaptarse a los nuevos sabores y nutrientes. He diseñado el programa REBEL VEGAN de 4 semanas para reducir tu consumo de productos animales sin perder la motivación, sintiéndote apoyado e informado, y disfrutando de comidas fabulosas.

Aunque los pasos se dividen en semanas, tienes la opción de ir a tu propio ritmo. Algunos irán a toda velocidad, otros se detendrán y harán una pausa mientras se adaptan y encuentran su sitio. Cuando te sientas cómodo con cada paso, puedes pasar al siguiente. De este modo, te aseguras de crear tu propio viaje hacia el vegano que quieres ser.

Con este enfoque único, puedes ir tan lejos en el espectro vegano como te sientas feliz, y parar y empezar en cualquier etapa. Tú eres quien decide cómo ajustar tu dieta y crear tu mejor vida. Si te estás acercando a esto como vegetariano, solo tienes que abordar el primer paso de este programa para crear una vida totalmente sostenible y libre de crueldad.

El objetivo de esta guía es que sea inclusiva, flexible y lo más libre de culpa posible. He desarrollado este programa para que te sientas con confianza y valor para encontrar tu propio punto óptimo. Aunque te animo a que te esfuerces, solo tú puedes decidir tu ritmo y lo lejos que puedes llegar dentro de tus circunstancias particulares.

Para que el cambio sea duradero, tienes que adaptarlo a tu estilo de vida. Hay que encontrar un equilibrio entre tus propias fuerzas motrices, tu conciencia y las circunstancias. Por supuesto, tienes la opción de dejarlo de golpe, y aunque eso funciona bien para algunos, ¡no suena ni agradable ni libre de crueldad!

Cuando me hice vegano por primera vez, comía ocasionalmente productos animales en eventos familiares antes de mi "destape" oficial. En casa, dejé de almacenar alimentos de origen animal y los fui eliminando poco a poco de las alacenas de mi cocina y refrigerador. Poco a poco fui conociendo nuevas recetas, nuevas tiendas y nuevos restaurantes. Así desarrollé mi programa único y adaptable de 4 semanas. ¡Yo fui el primer conejillo de indias!

Cualquier esfuerzo que hagas para avanzar más en el espectro de la dieta hacia el veganismo para basarte más en las plantas debe ser aplaudido. Mejorará tu salud, reducirá la crueldad y ayudará a crear un futuro más sostenible.

Te estás convirtiendo en el cambio que quieres ver.

ANTES DE QUE EMPIECES...

¿Cuántas veces has empezado algo (una dieta, un programa de salud, un curso) solo para abandonar antes de llegar a la mitad del camino? No te sientas mal, esto le ocurre a mucha gente, y todo por una razón principal: falta de planificación adecuada. Sí, es una frase gastada, pero es verdad: no planificar es planificar el fracaso.

Y por planificar no me refiero solo a mirar tu agenda y decidir cuándo vas a hacer la compra. Me refiero a dedicar tiempo a conectar plenamente con tu situación actual y con la situación a la que quieres llegar, a pensar en los posibles retos a los que te enfrentarás para decidir de antemano cómo los afrontarás y a empezar a diseñar una rutina que convierta tus nuevos hábitos en algo natural.

Cada uno tiene sus preferencias a la hora de hacer una lluvia de ideas. Yo obtengo mis mejores ideas paseando o montando en bicicleta por la naturaleza. Tal vez tú prefieras sentarte delante de una hoja de cálculo de Excel, o utilizar un gran trozo de papel y muchos bolígrafos de colores, o simplemente grabar notas de voz... lo que a ti te funcione.

Aquí tienes algunos puntos que debes plantearte antes de embarcarte en esta transición de 4 semanas.

- **Administración del tiempo:** Dedica algo de tiempo a comenzar tu viaje. Mira tu agenda semanal y entrena cuando tengas tiempo libre y cuando te sobre energía. Marca estas horas en tu agenda: son los momentos en los que podrás explorar nuevos pasillos en el supermercado o probar nuevas recetas. Recuerda que es una aventura: ¡diviértete!
- **Tu dieta actual:** Ahora que sabes más sobre los macro y micronutrientes que necesitas, ¿cómo se comporta tu forma actual de comer? ¿Cómo le está afectando la dieta occidental estándar? (exceso de peso, cansancio, cambios de humor, diabetes, problemas para dormir, problemas digestivos...) Pregúntate, ¿qué pasaría si no cambiaras?
- **Tu nueva dieta:** Utilizando las respuestas anteriores como guía, ¿qué beneficios te aportará el veganismo? ¿Cómo te sentirás física y emocionalmente gracias a este nuevo estilo de vida?
- **Prepárate para los obstáculos y a superarlos:** Todos tenemos factores que nos provocan: ¿cuáles son los tuyos? ¿Qué situaciones pueden hacerte recurrir a patrones alimentarios habituales? ¿Cómo puedes evitarlo? Por ejemplo, el detonante puede ser un plazo inminente que te lleva directamente al mostrador de venta de donas; o puede que te guste complacer a la gente y te preocupe coincidir con las preferencias alimentarias de tus amigos. La solución puede ser que guardes algunos tentempiés veganos saludables en la oficina o que busques restaurantes o cafeterías veganos en tu zona. Pensar en cómo responderías a posibles situaciones desencadenantes te ayudará a mantener tu dieta basada en las plantas incluso cuando las cosas se pongan difíciles.
- **Tenga presente tu "por qué":** Recuerda cuáles son tus fuerzas motrices. ¿Cuáles son tus esperanzas, sueños y objetivos en la transición al veganismo?

SEMANA 1
¡EMPIEZA EL DÍA DE LA MANERA CORRECTA!

¡Empecemos! El desayuno es la comida más importante del día, así que empecemos por aquí y comencemos el día con alimentos vegetales. Si ya eres vegetariano, este es tu primer y último paso hacia el veganismo. Si vienes de una dieta occidental estándar, el primer paso es eliminar los huevos y los lácteos.

Gracias al auge del veganismo, estos alimentos son fáciles de sustituir. Este es un buen punto de partida. No hay que cocinar, lo único que hay que hacer es cambiar de pasillo en el supermercado. En lugar de dirigirte al pasillo de los lácteos, dirígete al de la leche vegetal. Es muy sencillo. Si tienes mucha suerte, como yo, puede que incluso recibas leche de avena fresca en la puerta de tu casa; vale la pena intentarlo.

LECHE (O "CARNE LÍQUIDA", COMO SE LE LLAMA A VECES)

Hace diez años, habría sido difícil encontrar una buena alternativa a la leche de vaca, incluso en los grandes supermercados. Todavía me sorprende que no cuestionemos una industria masiva que básicamente transporta los fluidos corporales de una nueva madre hasta nuestras puertas. Por suerte, hoy en día hay mucho donde elegir: leche de avena, de soja, de almendras, de avellanas, de anacardos, de coco e incluso de guisantes (chícharos) o patatas (papas).

Lo mejor de todo es que, en lugar de limitarte a un solo tipo de leche para el té, el café, los batidos o los cereales, ahora puedes disfrutar de una amplia selección de sabores diferentes. Por ejemplo, la leche de avellanas es ideal para el café, la leche de guisantes (chícharos) añade una buena cantidad de proteínas a los batidos y la leche de almendras aporta un toque de frutos secos al muesli de la mañana (¡mi favorita!).

QUESO

Esta es la razón por la que la gente no puede hacerse vegana. Pero ahora hay muchos quesos veganos nuevos y atractivos para probar, tanto de grandes marcas como Violife como de pequeños queseros veganos artesanos que están apareciendo por todas partes para responder a esta necesidad que tenemos de la bondad del queso. También puedes preparar fácilmente tu propio queso vegano con hierbas (he incluido la receta más abajo).

Gracias a @strictlyrootsvegan

QUESO VEGANO DE ANACARDOS, FÁCIL Y RÁPIDO

INGREDIENTES:

- 1 taza de anacardos (remojados toda la noche).
- 2 cápsulas de probióticos (lactobacilos).
- 1 cucharadita de mezcla de hierbas italianas (o hierbas de Provenza).
- ⅛ cucharadita de ajo granulado (opcional).
- Una pizca de sal.

MÉTODO DE PREPARACIÓN:

- Escurre los anacardos y colócalos en tu batidora de alta velocidad. Mézclalos hasta obtener una mezcla homogénea. Es posible que tengas que añadir un poco de agua; intenta añadir la menor cantidad posible porque quieres que la mezcla quede bastante espesa (consistencia de queso crema).
- Añade el contenido de dos cápsulas probióticas y mézclalo.
- Vierte la mezcla en un recipiente, tápalo y colócalo en un lugar cálido y oscuro durante 24 horas (por ejemplo, un armario ventilado).
- Cuando revises la mezcla al día siguiente, debe estar muy ventilada y oler ligeramente agria. Si no es así, déjala otras 24 horas.
- Incorpora las hierbas, el ajo granulado y la sal.
- Viértelo en un tarro y guárdalo en el refrigerador. Se conservará durante 1 semana.
- Lo puedes untar en galletas, sándwiches o como un acompañamiento para vegetales.

CÓMO ELEGIR LOS MEJORES PRODUCTOS LÁCTEOS VEGETALES

Al igual que sus versiones lácteas, algunos yogures, quesos y leches vegetales son básicamente comida chatarra: están excesivamente procesados y contienen azúcar, conservantes y espesantes añadidos. Un buen punto de partida es elegir productos ecológicos, ya que suelen contener menos ingredientes artificiales y están menos procesados.

LOS INGREDIENTES QUE HAY QUE VIGILAR Y EVITAR SON:

- Azúcar y otros endulzantes añadidos como jarabe de agave, jarabe de maíz, fructosa o sacarosa. Es más sano optar por un yogur sin azúcar y luego añadirle tu propio toque (por ejemplo, fruta, frutos secos, avena, muesli, etc.).
- Los espesantes se utilizan para crear la consistencia adecuada del yogur. Pero no todos son iguales. Los espesantes como la goma xantana, la goma guar, la pectina y la lecitina vegetal son seguros. Sin embargo, espesantes como la goma de celulosa (carboximetilcelulosa), el carragenano y el polisorbato 80 pueden desencadenar problemas digestivos, por lo que es mejor evitarlos.
- Los aditivos como el dióxido de titanio se añaden a veces para que el yogur sea más blanco. Aunque en general la FDA lo reconoce como seguro, no sé hasta qué punto te hace feliz comer algo que también se añade a los cosméticos y a la pintura.
- Los saborizantes naturales también pueden incluir saborizantes no naturales hechos con productos químicos, disolventes y conservantes. Opta por el yogur vegano sin azúcar ni saborizantes—tendrás un punto de partida más saludable y podrás elegir los sabores que quieras añadir.[1]

HUEVOS

Dependiendo de la importancia que tengan los huevos en tu dieta, puedes eliminarlos aquí o esperar hasta la Semana 4, cuando eliminemos toda la carne. Hay un montón de buenos sustitutos del huevo disponibles para las recetas que tradicionalmente requieren huevos, o puede cambiarlos por huevos de chía o lino (simplemente mezcla 1 cucharada de chía o lino con 3 cucharadas de agua tibia y ¡voila!—tienes una alternativa saludable al huevo).

Si te gusta hornear, busca recetas veganas para tus pasteles favoritos. Te garantizo que encontrarás varias que pueden recrear tus productos horneados favoritos sin los productos de origen animal. Una vez que empieces a veganizarte, te quedarás prendado.

YOGUR

Si el yogur es una parte importante de tu dieta, puedes cambiarlo por yogures a base de coco, almendras o soja. Incluso puedes hacer el tuyo propio (encontrarás una receta para ello más abajo).

RECETA DE YOGUR VEGANO:
(INSPIRADA POR THE FOOD REVOLUTION NETWORK)

INGREDIENTES:

- 2 tazas de anacardos (remojados toda la noche)
- 2 cucharaditas de vinagre de sidra de manzana crudo orgánico
- 1 taza de agua
- 1 pizca de sal (opcional)
- 2 cápsulas de suplemento probiótico (el lactobacilo funciona bien)

MÉTODO DE PREPARACIÓN:

- Enjuaga y escurre los anacardos, luego colócalos en una licuadora junto con todos los demás ingredientes, excepto los suplementos probióticos.
- Licúa hasta obtener una mezcla homogénea y cremosa (dependiendo de tu licuadora, tardarás entre 1 y 4 minutos).
- Abre las cápsulas de probiótico y mezcla el polvo con los anacardos batidos; utiliza una cuchara de madera o una espátula de silicona (las cucharas de metal pueden impedir que se desarrollen las bacterias buenas).
- Vierte la mezcla de anacardos en un tarro o tazón de cristal limpio y cúbrelo con una tela o toalla de papel limpia y seca; utiliza una goma elástica para mantenerlo en su sitio y déjalo en un lugar seguro.
- Espera de 24 a 48 horas para que se produzca la magia. Prueba la mezcla después de 24 horas: si el sabor es ligeramente ácido, como el yogur, está lista. Si no, déjalo otras 24 horas.
- Guarda tu yogur vegano casero en el refrigerador y consúmelo antes de 5 días. También puedes congelarlo hasta un mes.

OTRAS OPCIONES:

- Puedes utilizar un 'iniciador' de yogur vegano – estos están disponibles en la mayoría de las tiendas de alimentos naturales. Solo tienes que seguir las instrucciones.
- Puedes utilizar 4 cucharadas soperas de yogur vegano natural, sin azúcar y orgánico (simplemente mézclalo con los anacardos una vez que se hayan licuado).

PLAN DE ACCIÓN PARA LA SEMANA 1:

Haz tus desayunos a base de plantas (Consulta la sección de desayunos de las Recetas Rebeldes para inspirarte)

Invierte en un suplemento de vitamina B12 de buena calidad.

Invierte en un suplemento vegano de vitamina D de buena calidad.

Invierte en un multivitamínico vegano de buena calidad.

Explora nuevos pasillos: ve al supermercado y llena tu carrito de productos vegetales. Prueba varios tipos hasta encontrar el que más te guste. Acuérdate de mirar la etiqueta y fíjate en la leche y los yogures que no contengan azúcares añadidos, conservantes, aromas artificiales ni colorantes.

Acepta lo nuevo: cambia tu rutina probando una nueva tienda de alimentos saludables, comprando una fruta exótica o una verdura desconocida y buscando en Google cómo utilizarla.

SEMANA 2
LA ETAPA FLEXITARIANA

El segundo paso es pasar a una dieta flexitariana y eliminar la carne roja. También esta semana, tu objetivo es que tanto tus desayunos como tus almuerzos sean 100% vegetales. Puedes seguir cenando carne de ave y/o pescado. Este paso puede parecer un poco aterrador, pero también es emocionante, ya que puedes empezar a explorar todas las sabrosas opciones veganas que se ofrecen. La primera vez que probé una hamburguesa Beyond, ¡supe que podía ser vegana de tiempo completo!

PLAN DE ACCIÓN PARA LA FASE 2:

Haz que tanto tu desayuno como tu almuerzo sean 100% de origen vegetal. Hay toda una sección de recetas para el almuerzo en el capítulo 9.

¡Encuentra tu tribu! Una de las principales razones por las que los ex veganos abandonan la dieta es porque se sienten aislados y sin apoyo.[1] No dejes que esto te ocurra a ti. Hay muchas redes de apoyo, desde grupos de Facebook hasta blogs. Únete a una red local y haz nuevos amigos. Echa un vistazo a la sección de recursos al final del libro para ver una lista de buenos sitios donde empezar.

Si te gusta cocinar, es el momento de invertir en un buen libro de cocina vegana (¡o más!) y empezar a divertirte en la cocina—después de todo, es probable que te hayas estancado en la rutina y comas siempre lo mismo. Esta es tu oportunidad para reformular tus platos y empezar a disfrutar de la comida de nuevo.

SEMANA 3

CENA - HACIÉNDOLE AL PESCETARIANO

El tercer paso es hacerse pescetariano. Elimina todos los animales terrestres de tu dieta y empieza a preparar tus cenas a base de plantas. En este caso, aún puedes "volver a caer" en el marisco, pero deberías deleitarte con tu transformación en curso y empezar a sentirte más sano. Al haber reducido masivamente su consumo de productos animales, tu sangre fluirá mejor y tu corazón estará menos estresado.[2] Es bueno que hagas un recuento y reconozcas tu progreso, la mejora de tu salud y que te des una palmadita en la espalda por haber llegado tan lejos.

PLAN DE ACCIÓN PARA EL PASO 3:

 Mantén tus desayunos y almuerzos a base de plantas mientras eliminas todos los animales terrestres de tu cena.

 Mantente en contacto con tu nueva red vegana. No dudes en buscar apoyo, consejo e inspiración.

 Todos tenemos uno o dos platos que nos encantan y que podemos preparar y comer una y otra vez. Elige dos nuevos platos que sean veganos y fáciles de preparar. Que sean sencillos y divertidos. Esto es una aventura, así que disfruta del viaje.

 Mantente motivado repasando tus principales fuerzas impulsoras del cambio. También puedes recurrir a tu red de apoyo para que te reconozcan lo lejos que has llegado.

 Si una de tus fuerzas motrices es mejorar la salud, este es un buen momento para tomarse la presión arterial o subirse a la báscula – los resultados te animarán a seguir adelante.

 Si te sientes vacilante, vuelve a repasar tus fuerzas motrices del Capítulo 1 y mis consejos para mantenerte motivado e inspirado más adelante, en el Capítulo 7

SEMANA 4

MI NUEVA REALIDAD: SALIENDO DEL CLÓSET

Ha llegado el momento de adoptar una alimentación totalmente vegetal. Elimina de tu dieta todos los productos de origen animal que queden o persistan. Y si no eliminaste los huevos en el Paso 1, ahora es el momento de hacerlo. Tu sangre fluirá mejor que cuando eras un bebé. Esperemos que—como un perro al que se le suelta la correa—estés ansioso y motivado por empezar tu nueva vida sana.

Felicítate y comparte la noticia con tu tribu vegana y tus redes de apoyo. Sintonízate contigo mismo: ¿cómo te sientes—física y emocionalmente—ahora que has dado estos pasos? ¿Te sientes preparado para salir al mundo como nuevo vegano? ¿Te sientes más ligero, tienes más energía, has perdido algo de peso? Esta es la semana en la que puedes empezar a descansar más tranquilo sabiendo que estás viviendo una vida sin crueldad, marcando la diferencia en el cambio climático y contribuyendo a mejorar tu longevidad.

PLAN DE ACCIÓN PARA EL PASO 4:

Veganiza tu cocina y haz que todas tus comidas y tentempiés sean 100% vegetales.

Experimenta con algunas de las recetas fáciles ubicadas hacia el final del libro.

Investiga restaurantes, cafés y comunidades locales que sean favorables a la alimentación basada en las plantas.

Si te sientes preparado, ahora es el momento de contárselo a tus familiares y amigos. Comparte tu noticia con las personas en las que confías. No es necesario ser petulante: tu salud radiante y tu entusiasmo deben ser compartidos y serán celebrados por cualquiera que te quiera.

Gratitud y autocuidado: estás tomando decisiones valientes, así que, ¡date una palmadita en la espalda y sé bueno contigo mismo!

¡Fiesta de debut! Para celebrar este logro, date un capricho especial o sal por la noche. He incluido mi curry y postre favoritos en el Libro de Cocina Rebelde al final de este libro. También puedes celebrarlo en tu nuevo restaurante vegano local.

Y como recompensa extra para celebrar tu nueva vida, he incluido mis dos recetas veganas de chocolate favoritas en la página siguiente. ¡Date el gusto! ¡Enhorabuena!

¡HAZ TU PROPIO CHOCOLATE VEGANO!
DULCE DE CHOCOLATE Y CACAHUETE CON 2 INGREDIENTES

INGREDIENTES:

- 100 g de chocolate amargo (elige una marca orgánica elaborada con al menos 75% de cacao)
- 100 g de mantequilla de cacahuete (escoge una marca elaborada con cacahuetes y nada más añadido)

MÉTODO DE PREPARACIÓN:

- Corta el chocolate amargo en trozos pequeños y colócalos en un tazón.
- Derrite el chocolate a baño maría (coloca el tazón sobre un cazo de agua hirviendo).
- Una vez derretido, añade la mantequilla de cacahuete y mezcla hasta que todo esté combinado.
- Vierte en moldes de silicona o en un recipiente forrado con papel pergamino y mételo en el refrigerador durante una hora para que se solidifique.
- Una vez cuajado, guárdalo en un recipiente hermético en el refrigerador. Se conservará durante al menos 2 semanas (¡pero el mío nunca dura tanto!).
- ¡Y voilá! Tienes un dulce de chocolate y cacahuete fácil y saludable que puedes tomar siempre que tengas antojo de algo dulce.

BOCADITOS REBELDES DE CHOCOLATE Y ALMENDRAS

INGREDIENTES:

- 100 g de chocolate amargo (elige una marca orgánica elaborada con al menos un 75% de cacao)
- 30 g de mantequilla de almendras (escoge una marca elaborada con almendras y nada más)
- 50 g de almendras tostadas (picadas en trozos)
- Una pizca de sal

MÉTODO DE PREPARACIÓN:

- Corta el chocolate negro en trozos pequeños y colócalos en un tazón.
- Derrite el chocolate al baño maría (coloca el tazón sobre un cazo con agua hirviendo).
- Una vez derretido, añade la mantequilla de almendras y las almendras tostadas y mézclalo todo bien.
- Vierte en moldes de silicona o en un recipiente forrado con papel encerado. Espolvoréelo con sal y mételo en el refrigerador para que cuaje durante una hora.
- Una vez cuajado, guárdalo en un recipiente hermético en el refrigerador.
- También puedes ponerte creativo y utilizar mantequilla de avellanas y avellanas, o añadir granola en lugar de frutos secos tostados.

MANTENIÉNDOTE PLENAMENTE CONSCIENTE A LO LARGO DE ESTE VIAJE

A medida que avances en estos pasos, mantente en contacto con lo que vas sintiendo. En la cuarta semana, deberías notar bastantes cambios. En primer lugar, te sentirás más sano. La mayoría de las personas pierden peso no deseado y experimentan un aumento de energía, así como una mejor digestión. Si eres diabético, deberías notar que tus niveles de azúcar en sangre mejoran. Aunque sea menos perceptible, lo mismo ocurrirá con tus niveles de colesterol y presión arterial.

También notarás que cambian tus antojos. A medida que comas más alimentos integrales de origen vegetal, empezarás a tener más hambre de lo sano que de lo perjudicial. Cuanto más elijas los vegetales en lugar de los animales, más se adaptarán tus papilas gustativas y empezarán a apetecerte esos alimentos.

Por eso te aconsejo que sigas el proceso y le des a tu cuerpo la oportunidad de adaptarse y a este nuevo estilo de vida el tiempo necesario para transformarte. Es como un nuevo superpoder que no sabías que podías dominar. Déjate entusiasmar por esta aventura y por el poder que tienes para crear un futuro mejor, no solo para ti, sino también para los animales y el planeta. Realmente te cambiará la vida en todos los aspectos. ¡Estoy orgulloso de ti y encantado de darte la bienvenida como todo un *REBEL VEGAN*!

¿QUÉ HACER ANTE LOS SÍNTOMAS DE ABSTINENCIA?

Todos hemos oído hablar de los síntomas de abstinencia de cosas como la cafeína, pero ¿sabías que puedes tener el mismo problema cuando te alejas de la dieta occidental estándar? Un estudio publicado en la revista Appetite descubrió que las personas que reducen el consumo de alimentos procesados experimentan los mismos tipos de síndrome de abstinencia que las personas adictas a las drogas: tristeza, cansancio, antojos, así como una mayor irritabilidad.[3]

Esto no es de extrañar si recordamos que los alimentos procesados están repletos de ingredientes que hiperestimulan el organismo: al igual que las drogas, el azúcar y las grasas provocan una liberación de dopamina que nos hace sentir bien. Por eso recurrimos a ellos una y otra vez, sobre todo cuando necesitamos un estímulo. Sea cual sea el placer culpable (patatas fritas, pizza, donas o hamburguesas), al alejarnos de estos alimentos tenemos que encontrar nuevas formas de darnos ese placer que nos apetece.

Según el estudio, los síntomas de abstinencia duraban entre dos y cinco días, tras los cuales se calmaban un poco. Así que lo más importante es recordar que, aunque experimentes antojos, eventualmente, se irá haciendo más llevadero. Solo tienes que aguantar. Otra forma estupenda de sobrellevar esta situación es planificarlo con antelación y tener preparados algunos alimentos alternativos por si te entra un antojo.

Haz una lista de los alimentos que más te gustan y una lista de versiones veganas que te ofrezcan el mismo sabor y textura sin los ingredientes adictivos. Aquí tienes algunos ejemplos para empezar:

ALIMENTOS PROCESADOS / PRODUCTOS ANIMALES	ALTERNATIVAS A BASE DE PLANTAS
Carnes procesadas (jamón, carne en conserva, nuggets de pollo, hamburguesas, salchichas, etc.)	Tofu o tempeh marinado, Seitán (evítalo si tienes problemas de sensibilidad al gluten), Trozos de soja, Hamburguesas de judías (frijoles) o hamburguesas vegetales, Quorn o salchichas de soja
Helado (Nieve)	Helado vegano de anacardos, coco, almendra o soja, Plátano congelado licuado (¡el helado más rápido y fácil de la historia!)
Batidos (Malteadas)	Batido de mantequilla de cacahuete, plátano y cacao, Batido de arándanos, plátano y leche de almendras, Batido de mango, plátano y leche de coco, Si tienes una licuadora, ¡no hay límites!
Pan de supermercado	Pan casero o de una panadería local independiente, elaborado con cereales integrales.
Cereal azucarado de desayuno	Granola hecha con avena, frutos secos, semillas, coco y fruta deshidratada, Avena casera remojada de la noche a la mañana, Gachas (papilla) de avena con yogur de coco y fruta
Galletas, bizcochos, pasteles, repostería	Bolas energéticas caseras (una mezcla de frutos secos, avena, nueces y semillas), Galletas caseras veganas y sin azúcares refinados, Mezcla casera de frutos secos (por ejemplo, almendras o anacardos tostados, semillas de calabaza, arándanos deshidratados y trocitos de chocolate)
Barras de chocolate	Chocolate amargo orgánico (al menos 70%), Barritas de frutas y frutos secos (elige marcas sin saborizantes ni azúcares añadidos), Brownie casero vegano sin azúcar refinado
Frituras/Patatas fritas	Crujientes de col rizada (simplemente mezcla col rizada con anacardos y levadura nutricional y ponla a tostar), Tortitas de arroz o galletas de avena con mantequilla de cacahuete, Crujientes de verduras (remolacha (betabel), zanahoria, calabacín, chirivía (nabo)...)
Bebidas energéticas y refrescos	Té verde o té de hierbas, Kombucha, Agua de coco, Agua con gas con un chorrito de limón, bayas trituradas o menta fresca
Pizza	Pizza de pan fermentado con queso vegano, Pizza casera en tortilla de cereales germinados, Tostada rápida con queso vegano fundido y tomates secos y aceitunas

Es fácil ser vegano de comida basura—hoy en día puedes encontrar todos tus platos precocinados y antojos favoritos en productos derivados de las plantas. Aunque no contienen ingredientes de origen animal, estos alimentos son tan potencialmente perjudiciales para la salud como los alimentos procesados tradicionales. Dicho esto, pueden ser útiles durante la transición. Es más, no creo en negarse el placer, por eso soy un gran fan de la regla del 80-20. Esto te da cierto margen de maniobra, sobre todo las primeras semanas, cuando estás navegando hacia una nueva forma de comer.

Una vez que empieces, te sorprenderá lo fácil que puede ser pasar a una dieta en la que comas principalmente alimentos integrales a base de plantas que te prepares en casa. Esta fue la parte del viaje que yo más disfruté: explorar nuevos alimentos veganos y encontrar nuevas recetas que probar. Cocinar nuevos alimentos me abrió el mundo. Permite que haga lo mismo por ti.

TU VIAJE VEGANO, TUS REGLAS

"El movimiento vegano es uno de los movimientos de justicia social de más rápido crecimiento en el mundo actual."

Dra. Melanie Joy

Es tu viaje, y tú puedes diseñarlo de la forma que más te convenga. Desde los Lunes sin Carne hasta "mayoritariamente vegano", depende de ti diseñar y alinear tu dieta para que se ajuste a tus valores.

Aunque me encantaría que todo el mundo se volviera vegano de la noche a la mañana, acepto que es demasiado ambicioso esperar que todo el mundo adopte una dieta basada en plantas al instante. La comida está tan intrínsecamente ligada a la cultura, las tradiciones y los hábitos que es más realista aceptar el camino único de cada uno e inspirar con el ejemplo.

Nunca me he sentido mejor, más seguro de mí mismo y más fuerte que cuando dejé la carne y los lácteos. Y hay una hermosa sensación de paz cuando adoptas una vida que está en consonancia con tus valores. Creo que todos tenemos el poder de marcar una gran diferencia con solo abrirnos a una dieta más basada en plantas y a una vida sin crueldad.

Tomando las cosas una comida a la vez, podemos cambiar el mundo. Te felicito por estar aquí y formar parte de este cambio global hacia una forma de vida más compasiva.

No hace falta ser vegano todos los días.

Pero cada día que lo eres, salvas, en promedio:

UN ANIMAL

49 LIBRAS DE GRANO

1100 GALONES DE AGUA

30 PIES CUADRADOS DE BOSQUE

Juntos, nuestros "un día" pueden sumarse y generar un cambio enorme.

Por nosotros, por el bienestar de los animales y por nuestro planeta.

@cowspiracy.com/facts & TheVeganCalculator.com

Welcome

6

COMER EN CASA, COMER FUERA, SALIR

"Vivir tu mejor vida es el viaje más importante de tu vida."
Oprah Winfrey

Crear y mantener una vida centrada en las plantas tiene sus retos. Pero también es una gran aventura que traerá enormes recompensas. Este capítulo trata sobre cómo recorrer ese camino. Aquí tienes mis guías prácticas y consejos para ayudarte a implementar una dieta basada en plantas de la forma más fácil posible.

COMIENDO EN CASA

¡FIESTA EN MI COCINA A BASE DE PLANTAS!

EL PRESUPUESTO Y LA COMPRAQ DE ARTÍCULOS AL MAYOREO:

Muchos nuevos veganos descubren que ahorran dinero en los gastos de alimentación, a pesar del argumento a menudo mencionado de que seguir una dieta más sana es más caro. Lo bueno de una dieta basada en plantas es que muchos alimentos básicos son fáciles de almacenar y se pueden comprar a granel cada mes más o menos: tomates enlatados, alubias, lentejas, cereales integrales (arroz, pasta integral, fideos de alubias, fideos de trigo sarraceno) leche de coco, frutos secos, semillas, harina, especias y hierbas secas. Después, lo único que tendrás que hacer es comprar verduras y frutas frescas cada semana para crear comidas deliciosas y nutritivas.

LEYENDO LAS ETIQUETAS:

Muchas empresas alimentarias anuncian con orgullo sus productos veganos. Basta con buscar la pequeña marca "V" que indica que el alimento es completamente vegetal. Si esta marca no está presente, es cuestión de leer la etiqueta. Encontrarás un enlace a mi guía de etiquetas de alimentos favoritos en la sección de Recursos. Aunque algunos alimentos son fáciles de identificar como veganos (por el símbolo de la "V"), muchos alimentos que podrías pensar que son veganos en realidad contienen leche, miel, huevos o gelatina, y solo lo sabrás si lees la etiqueta.

NAVEGANDO POR UNA NUEVA EXPERIENCIA EN LAS COMPRAS:

Ir de compras te parecerá diferente, sobre todo al principio. Es posible que tengas que dedicar más tiempo a recorrer pasillos por los que no has pasado y a leer las etiquetas. Una vez que te sientas cómodo con los productos y las marcas de confianza, esto te resultará mucho más fácil, pero aún así tendrás que mantenerte atento.

Conéctate a Internet y busca recomendaciones de otros veganos, por ejemplo alimentos conocidos como "accidentalmente veganos". Se trata de alimentos que no estaban pensados para ser veganos, pero que no contienen ningún ingrediente de origen animal. Un ejemplo muy conocido son las galletas Oreo.

EXPERIMENTANDO UNA NUEVA FORMA DE COCINAR:

Una forma estupenda de aprender a estructurar tus comidas es probar los paquetes de comida vegana, como los que ofrecen Purple Carrot, Daily Harvest o Veestro (¡hay muchos más![1]). Cada uno de ellos es una comida completa que contiene todos los macronutrientes que necesitas. No solo aprendí recetas sabrosas (la hamburguesa de Purple Carrot es la mejor que he probado), sino también a diseñar comidas nutritivas. Estos menús pueden ayudarte a entrar en ritmo y descubrir nuevos platillos. ¡Un libro de cocina a la antigua también es muy recomendable!

TODD'S PANTRY LIST

GRANOS ENTEROS	JUDÍAS (FRIJOLES) Y LEGUMBRES	ACEITES Y CONDIMENTOS	REPOSTERÍA Y DULCES SALUDABLES
Arroz (arroz integral, arroz negro Venus, arroz silvestre), Trigo sarraceno, Quinoa, Mijo, Polenta, Avena, Galletas de avena, Pasta o fideos de arroz integral, espelta integral, trigo integral o trigo sarraceno	(Puedes comprarlos enlatados para mayor comodidad y rapidez; asegúrate de elegir marcas que solo contengan alubias y agua, nada más añadido) Garbanzos, Alubias (frijoles) negras, Alubias (frijoles) rojas, Alubias (frijoles) cannellini, Alubias (frijoles) de carete, Alubias (frijoles)borlotti, Alubias (frijoles) mungo, Alubias (frijoles) adzuki, Lentejas (verdes o rojas), Guisantes (chícharos) partidos	Aceite de oliva, Aceite de coco, Aceite de aguacate, Aceite de sésamo, Aceite de lino, Aceitunas, Tomates secados al sol, Mayonesa vegana, Salsa tamari o salsa de soja, Vinagre de manzana, Sal del Himalaya u otra sal natural y sin refinar, Levadura nutricional	Harina de espelta integral, Harina de trigo integral, Harina de arroz, Harina de trigo sarraceno, Harina de coco, Almendra molida, Sustituto del huevo, Levadura en polvo, Esencia o polvo de vainilla, Dátiles, Albaricoques (chabananos), Pasas, Jarabe de arce, jarabe de arroz o miel vegana, Cacao en polvo
ESPECIAS Y HIERBAS AROMÁTICAS	**NUECES Y SEMILLAS**	**LECHE Y PRODUCTOS LÁCTEOS ALTERNATIVOS**	**ALIMENTOS ENLATADOS**
Canela, Cúrcuma, Comino, Cilantro, Garam masala, Ras el Hanout, Mezcla de hierbas italianas o Herbes de Provence, Curry en polvo suave, Pimentón ahumado (paprika), Orégano, Romero, Semillas de hinojo, Pimienta negra	Tahini, Mantequilla de cacahuete, Mantequilla de almendra, Mantequilla de anacardos, Mantequilla de avellana, Semillas de calabaza, Semillas de girasol, Semillas de chía, Semillas de lino, Semillas de sésamo, Semillas de cáñamo, Almendras, Avellanas, Anacardos, Nueces de Brasil, Hojuelas de coco o coco desecado, Piñones	Leche de almendra, Leche de soja, Leche de avena, Leche de anacardo, Leche de guisantes (chícharos), Leche de avellana, Horchata de chufa, Tofu cremoso, Crema de soja, Crema de avena, Crema de almendra Cápsulas probióticas o iniciadores veganos (si quieres hacer tu propio yogur o queso vegano)	Tomates en lata, Jaca en conserva, Leche de coco envasada, Judías (frijoles) enlatadas (véase judías y legumbres)

UNA DESPENSA BIEN SURTIDA:

¡Dales un toque vegano a las alacenas de tu cocina!

A medida que vayas terminando con todos los envases viejos de alimentos procesados y productos de origen animal, puedes empezar a reponer tu despensa para que comer a base de plantas no te suponga ningún esfuerzo. El truco está en asegurarte de que tengas todos los ingredientes que necesitas para preparar comidas veganas, simplemente añadiendo algunas verduras o frutas frescas.

Aquí tienes una instantánea de mi despensa, para inspirarte a crear la tuya propia, basada en las recetas que te gusta cocinar. No tienes por qué incluir todos estos ingredientes (de hecho, almacenar diez variedades de leche vegetal puede ser un poco exagerado), pero esta tabla te da una idea de lo que necesitas para empezar a cocinar platos veganos sanos, sabrosos y fáciles.

DE PLATOS PREPARADOS VEGANOS A COCINA CASERA VEGANA:

El mejor consejo que puedo ofrecerte es que empieces poco a poco y vayas progresando.

Antes de empezar tu viaje de 4 semanas hacia el veganismo, siéntate con tu agenda y calcula cuándo tienes tiempo libre y cuándo te sobra energía—esos son los momentos que puedes dedicar a planificar y preparar las comidas.

Por ejemplo, supongamos que tienes algo de tiempo libre y energía el domingo por la tarde. Podrías dedicar unas horas a preparar la comida para la semana. Por ejemplo, si preparas un buen plato de pasta al horno o una gran cazuela de curry, que puedes dividir en porciones y congelar para más tarde, lo que tienes básicamente es una comida preparada que solo contiene ingredientes sanos, pero que es tan cómoda y rápida como las comidas del supermercado. La preparación de comidas no tiene por qué ser complicada: basta con duplicar, triplicar o cuadruplicar los ingredientes y ¡voilá! Ya tienes comida preparada para toda la semana.

También es fácil preparar por lotes budines de chía, bolitas energéticas o frutos secos tostados—todos ellos sabrosos tentempiés. Si te llevas almuerzos al trabajo, puedes preparar tarros de ensalada para varios días simplemente cocinando un montón de arroz u otros cereales, y luego colocando el arroz con judías y verduras picadas (zanahorias, apio, rábano, calabacín, pimientos dulces, col rizada, etc.) en tarros, y guardándolos en el refrigerador.

También puedes preparar hummus y aderezos para ensaladas, que se conservan aproximadamente una semana y te permitirán tener siempre algo sabroso en lo que mojar las verduras o para untar en los bocadillos. Una vez que empieces este proceso, te darás cuenta de cuál es el mejor método para tus circunstancias particulares, ya vivas solo, trabajes en casa o cocines para tu familia.

Cuando empieces, no seas duro contigo mismo. Si de vez en cuando tienes que recurrir a un plato preparado vegano, no pasa nada. Recuerda la regla del 80-20. No se trata de buscar la perfección, sino de crear un estilo de vida que puedas mantener a largo plazo.

Cuanto más cocines desde cero, más instintivo te parecerá. No hace falta ser un candidato a Masterchef, ni pasarse horas en la cocina para preparar comida sabrosa. Una despensa vegana bien surtida y un poco de planificación es todo lo que necesitas.

ASEGÚRATE DE COMER LO SUFICIENTE Y DE COMER LO QUE TE GUSTA:

Si tienes hambre o no te gusta lo que comes, te caerás del vagón vegano. Por eso es tan importante que comas alimentos sustanciosos y con buen sabor. Cuando estás lleno y satisfecho, es mucho más fácil decir no a las tentaciones.

ENCUENTRA TUS ALTERNATIVAS VEGANAS FAVORITAS:

Tómate tu tiempo para buscar sustitutos vegetales de tus productos de origen animal favoritos. Puedes convertirlo en una experiencia divertida comprando varias marcas y probándolas (quizá con otros veganos novatos o con amigos curiosos). Atrás quedaron los días en que solo había una opción (la leche de soja). Hoy en día, la mayoría de los supermercados tienen al menos tres tipos de queso vegano e innumerables variedades de leche vegetal, sin olvidar las hamburguesas veganas.

SER EL VEGANO SIMPÁTICO DE TU CASA COMPARTIDA:

Si vives en una casa compartida, cambiar tu dieta puede parecer una tarea abrumadora, pero no tiene por qué serlo. Suele ser fácil compartimentar el espacio de la cocina y el refrigerador para que tus estantes se mantengan veganos. Siéntate con tus compañeros de piso y diles que vas a hacer este cambio. Asegúrales que no vas a convertirte en "uno de esos veganos" que juzgan a los demás por sus elecciones, y que no vas a bombardearles con estadísticas y datos mientras intentan disfrutar de su hamburguesa. Así te asegurarás de que no haya ningún tipo de malestar en el hogar. Al fin y al cabo, la convivencia es un arte. Lo mejor que puedes hacer por el movimiento vegano es ser amable y compasivo con los demás: ¡ellos están en su propio camino!

ELIGE COMIDAS QUE PUEDAS ADAPTAR FÁCILMENTE PARA TUS SERES QUERIDOS NO VEGANOS:

Si tienes que hacer malabares con diferentes dietas en tu casa, familia o relación, esto puede ser un reto. Al fin y al cabo, las comidas son para compartirlas. La forma más fácil de hacerlo es preparar comidas que puedan completarse fácilmente.

Por ejemplo, puedes preparar la comida conjunta en una línea de producción y añadir la carne al final. Puedes preparar el pollo/marisco/picadillo por separado y añadirlo en el último momento al plato, salteado, curry, guiso o estofado. Por regla general, el sabor que define un plato es la salsa, así que se puede experimentar y disfrutar juntos de la comida.

TÓMATELO CON CALMA CON LAS JUDÍAS, LOS GUISANTES Y LAS LENTEJAS:

A medida que te adaptas desde una alimentación rica en grasas saturadas y productos de origen animal a una dieta basada en plantas que contiene mucha más fibra, puede que notes que tienes demasiados gases. Si esto ocurre, es señal de que necesitas dar a tu cuerpo un poco de tiempo para adaptarse a los nuevos alimentos.

Por regla general, las alubias y las legumbres son las principales responsables de la hinchazón y los gases. La hinchazón se debe a las fibras no digeribles de la cáscara de las judías. Estas fibras son más fáciles de digerir si las dejas en remojo toda la noche y las cueces bien. Estar en sintonía con tu cuerpo también te ayudará: prueba distintas alubias y lentejas para ver cuáles toleras mejor, y hazlo poco a poco.

COMER FUERA: ¡HAGÁMOSLO DIVERTIDO!

"Solo estás limitado
por los muros que tú mismo construyes."
REBEL VEGAN

Comer fuera nunca es solo por la comida. Es una ocasión social, una forma de ponerse al día con los amigos y la familia, un momento que saboreamos porque tenemos a nuestros seres queridos a nuestro alrededor Y no tenemos que fregar los platos (¡ganamos todos!). Sin embargo, si tus amigos y familiares son carnívoros, puede que te sientas incómodo preguntando por opciones vegetales. Pero no temas. Hoy en día hay muchos restaurantes y cafeterías que sirven platos veganos, e incluso los que no tienen opciones veganas en el menú te ayudarán si llamas con anticipación.

Mejor aún, ¡hay una aplicación para eso! Tanto *Happy Cow* como *Vanilla Bean* te permiten buscar por ubicación o utilizar el GPS para mostrarte todos los lugares cercanos que son veganos o sirven opciones veganas. Es hora de ponerte a prueba (si te sientes cómodo) e inspirar a los tuyos para que prueben algo nuevo.

MIS CONSEJOS PARA COMER FUERA DE CASA:

- **Descarga las aplicaciones:** *Happy Cow* es tu mejor aliada a la hora de explorar restaurantes aptos para veganos. Te sorprenderá la cantidad de opciones que hay a nivel local.

- **Planifica con anticipación:** Si se trata de un evento organizado, puedes ponerte en contacto con el restaurante (por teléfono, *WhatsApp* o *Facebook Messenger*), conseguir una copia del menú, consultar las opciones veganas y hacer preguntas. Con un poco de simpatía, suele ser fácil entablar una relación, y la mayoría de los restaurantes se desvivirán por ayudarte. Así evitarás cualquier tipo de ansiedad, te relajarás y disfrutarás de la ocasión.

- **Prepárate para los eventos sociales:** La mayoría de los anfitriones son precavidos y preguntan sobre requisitos dietéticos, alergias y gustos cuando envían la invitación. Sé educado pero sincero: lo peor que puedes hacer es no decirle al anfitrión que eres vegano. También puedes ofrecerte a llevar comida si crees que eso podría estresar demasiado al anfitrión. La mayoría de los anfitriones rechazarán esa oferta y buscarán una solución contigo. Si se trata de una cena en la que todos participan, lleva tu comida vegana favorita y compártela con los demás invitados (es una gran oportunidad para mostrar lo deliciosa que puede ser la comida a base de plantas). Si sabes que no habrá opciones veganas en el evento, come mucho antes y llévate algún tentempié.

- **La práctica hace al maestro:** si se trata de un evento improvisado y no has tenido tiempo de organizarlo con anticipación, no te preocupes. Con un poco de práctica, pronto serás capaz de escanear un menú y ver qué se puede comer o adaptar. Hasta entonces, finge hasta que lo logres: enciende el carisma y pregunta al camarero qué plato se puede hacer vegano. No seas tímido: ¡eres un(a) *REBEL VEGAN*! Muéstrate confiado y cómodo. Normalmente hay uno o dos platos que se pueden modificar fácilmente para que sean veganos. Los salteados son fácilmente adaptables (por ejemplo, quitando el pollo o las gambas(camarones)).

- **Pide el menú secreto:** ¿Sabías que algunos restaurantes tienen menús secretos? Pídelos. A menudo hay un menú vegetariano o vegano escondido en alguna parte.
- **Ponte creativo con las guarniciones:** Unas cuantas guarniciones de arroz integral, judías y verduras se suman rápidamente a una comida equilibrada. Aprende a divertirte y haz como si fuera una noche de tapas.
- **Coquetea:** Sí, un poco de coqueteo suave con los camareros hará que acaben comiendo de tu mano. Con el camarero de tu lado, podrás descubrir con él algunas opciones veganas.
- **Lleva tentempiés:** Si crees que las opciones van a ser muy limitadas, come antes y/o durante el evento.
- **Internacionalízate.** Las cocinas étnicas suelen tener las mejores tradiciones y opciones a base de plantas. Los restaurantes indios, tailandeses, vietnamitas, mexicanos o mediterráneos suelen tener muchas opciones a base de plantas.
- **No te preocupes por las cosas pequeñas:** Al principio puede parecer un reto, pero en el fondo solo es una comida. Concéntrate en la ocasión y en la gente, más que en la comida.
- **Deja una reseña:** Sobre todo si el restaurante te ha ayudado mucho. Así es como difundimos esta revolución compasiva!
- **Por el lado bueno, la mayoría del alcohol es vegano.** Pero si quieres estar seguro, puedes utilizar la web *Barnivore* (encontrarás el enlace en la sección de recursos) para comprobar si tu vino es apto para veganos (algunos vinos se filtran con productos de origen animal).

IDEAS DE APERITIVOS VEGANOS PARA LLEVAR Y PARA VIAJES:

- Sándwiches de mantequilla de cacahuete (y sus innumerables variedades: como mantequilla de cacahuete y mermelada, mantequilla de cacahuete y plátano, mantequilla de cacahuete y chocolate para untar...)
- Mezclas de frutas y frutos secos: puedes comprarlas ya hechas o prepararlas tú mismo en casa (por ejemplo, tostando almendras, anacardos, nueces, semillas de calabaza y añadiendo dátiles, arándanos, pasas, coco rallado, trocitos de cacao...).
- Hummus: es fácil llevar un pequeño recipiente de Hummus, una pasta de alubias o guacamole que puedes comer con tortitas de arroz o palitos de verduras.
- Barritas de granola: otro tentempié muy transportable. También en este caso, puedes encontrar buenas barritas de granola veganas o barritas energéticas en la mayoría de los supermercados (fíjate en la etiqueta de ingredientes y elige las que están hechas solo con alimentos integrales y sin azúcar añadido), o puedes preparar algunas en casa.
- Si quieres consejos para mantenerte vegano mientras viajas, echa un vistazo a mi Guía de Viajes *REBEL VEGAN*!

Lo principal es ser amable con uno mismo. Ser vegano no es una competencia. No te van a descalificar si accidentalmente comes queso o aceptas un trozo del pastel de calabaza de tu abuela. Los *Veganos Rebeldes* hacen—y rompen—las reglas, pero siempre luchan por la compasión y la justicia.

SALIENDO

PRESENTÁNDOTE COMO UN *VEGANO REBELDE*

"Acepta quién eres. A menos que seas un asesino en serie."
Ellen DeGeneres[2]

Como *VEGANO REBELDE*, necesitarás encontrar tu fuerza interior para salir del clóset ante tus amigos, tu familia y el mundo. Aunque somos pioneros de un importante movimiento social, también somos muy incomprendidos y a menudo discriminados.[3] Esto se conoce como vegafobia. Sí, ¡es algo que existe!

En 2015, un estudio publicado en el Journal Group Processes & Intergroup Relations titulado "It ain't easy eating greens" ("No es fácil comer verduras") concluyó que los veganos y vegetarianos de las sociedades occidentales sufren una discriminación equiparable a la de otras minorías.[4]

Sin embargo, a diferencia de otras formas de prejuicio (como el racismo o el sexismo), la negatividad hacia las personas que eligen comer plantas en lugar de animales no se considera un problema social. De hecho, es habitual, se acepta en gran medida como "normal" y a menudo no se le hace frente.[5]

Prepárate para navegar por este nuevo mundo con gracia y aplomo. Aprende a construir tu armadura a tu alrededor. Muy a menudo la gente reacciona negativamente hacia los veganos debido a su propia incomodidad inconsciente con su dieta. Al fin y al cabo, comer carne requiere algún tipo de disonancia cognitiva. Requiere que la gente cierre los ojos y los oídos a las atrocidades cometidas por la industria cárnica contra los animales y el planeta.

Cuando te muestras como un Vegano Rebelde, haces brillar una luz sobre las elecciones de otras personas, y esto puede ser incómodo para ellos. Así que recuerda sonreír y dejar los juicios en la puerta: que juzguen tus elecciones no significa que tú tengas que juzgar las suyas. Recuérdales que tu dieta no les afecta directamente—vive y deja vivir.

Uno de los grandes problemas es el siguiente: te encuentras con que te sermonean sobre por qué "necesitas" la carne, normalmente personas que no son nutricionistas cualificados. O la gente asumirá que sobrevives con una dieta de zanahorias, apio y lechuga. Naturalmente, querrás dar explicaciones (el capítulo 12 de este libro complementario, REBEL VEGAN: Why veganism is important, (VEGANO REBELDE: Por qué es importante el veganismo), profundiza en este tema y examina los argumentos más comunes en contra del veganismo y cómo responder a ellos con seguridad). Pero cuando lo haces, corres el riesgo de que te etiqueten como "ese vegano" que "no se calla sobre veganismo". Es casi como si no pudieras ganar. Pero déjame asegurarte que el hecho de hacerte vegano significa que estás ganando y que estás en el lado correcto de la historia.

Si te enfrentas al sarcasmo, simplemente sé asertivo en respuesta. Intenta no caer en discusiones. Con el tiempo, aprenderás a reconocer cuándo puedes mantener una conversación sensata sobre el tema, o si la persona que tienes delante está simplemente arremetiendo contra ti. Si la conversación se torna más agresiva, simplemente di la verdad y cambia de tema.

No dejes que las opiniones de los demás sobre tu estilo de vida te afecten. Cuando la gente juzga, no se trata tanto de ti como de ellos. Concéntrate en los cambios positivos que estás haciendo. En última instancia, no eres responsable de que la gente cambie de opinión. Solo podemos predicar con el ejemplo y centrarnos en ser la mejor versión de nosotros mismos.

En este libro, comparto mi historia de cómo salí del clóset. Y, dentro de este libro, tienes las herramientas para construir tu propio y único viaje hacia el veganismo. Por el camino, también encontrarás la confianza para salir del armario y ser un vegano orgulloso. Al abrazar a tu rebelde interior, vivirás con autenticidad, en consonancia con tu ética básica, y serás el cambio que quieres ver en el mundo.

MI MANTRA:

SI PUEDES VISUALIZARLO,
PUEDES VEGANIZARLO.

VEGANISMO EN EL CAMINO: MI REGRESO A CASA

Cuando me volví vegano, vivía y trabajaba en viajes como gerente de giras internacionales por el sudeste asiático. Vivía con una maleta durante meses mientras llevaba grupos por países como Vietnam, Laos, Myanmar y Camboya. Algunos lugares eran más acogedores que otros. En Tailandia, por ejemplo, había supermercados más grandes donde siempre podía abastecerme de productos veganos esenciales: los míos eran leche de soja y muesli. Así podía empezar el día con algo vegetal y evitar los desayunos a base de huevo que servían en la mayoría de los hoteles. Mi mochila siempre iba cargada de alimentos vegetales. Cuando cruzaba las fronteras arrastrando mis pesadas maletas, ¡me sentía como una mula de leche de soja!

Aprendí a reírme de los malentendidos y a disfrutar comiendo arroz pegajoso. Me hice bastante conocido en todo el Sudeste Asiático por tomar cocinas y puestos callejeros y demostrar de primera mano cómo era la cocina vegana.

Después de volver muchas veces, desarrollé un vínculo con muchos restaurantes de la región. Confiaban en mí para entrar en la cocina y ayudar a explicar y cocinar comida vegana con su personal. La gente de mis grupos se reía y me ofrecía una propina por cocinar y servirles la comida. Algunos me llamaban en broma el Gordon Ramsey vegano. Pero quiero pensar que yo era un poco más diplomático.

Después de asegurarme de que mi grupo se alimentaba, a menudo me quedaba a comer en el suelo con mis nuevos amigos en la cocina. No dejaba de sorprenderme e impresionarme cómo los lugareños parecían asumir el veganismo como algo natural. No causaba tanta tensión como en Occidente y se aceptaba al instante como una opción de vida perfectamente lógica. Comprendían instintivamente la filosofía de la compasión, que encaja a la perfección con sus valores tradicionales y principios budistas. Esto me ayudó a hacer realidad mi pasión por veganizar el mundo.

El veganismo ha abierto mi mundo, nunca lo ha restringido. Nunca lo he visto como una tarea. Más bien, era una oportunidad diaria para relacionarme con la gente y conectar a un nivel diferente. Muchos se mostraron interesados y receptivos. El mundo está cambiando y ellos quieren formar parte de él. Algunos de mis momentos favoritos fueron cuando volvía a estos pueblecitos y los dueños presentaban orgullosos su nuevo menú vegano con un guiño. Era como si estuviésemos apareciendo en el mapa.

Luego, cuando volví al Reino Unido, pensé, ¿cómo funciona esto? Recuerdo recorrer los pasillos de los supermercados en los que nunca había estado, buscando el letrero de "vegetariano". Había un apartado minúsculo en la sección de comidas refrigeradas, y a menudo solo leche de soja. Pero cada vez que volvía a Londres, esta sección crecía. Era como volver a una ciudad en construcción y ser testigo del progreso - nuevos productos, más opciones, una selección más amplia. De repente, todos los supermercados tenían su propia gama de productos vegetales, y las leches vegetales se apoderaron de la sección de alimentos saludables. Todavía me emociono cada vez que veo una nueva gama o un nuevo producto vegano. Es para mí un placer culpable probarlos todos. ¡Todo en nombre de la investigación, por supuesto!

Mis viajes siempre me han llevado de vuelta a casa, a mis valores veganos que sustentan todo lo que hago. El veganismo me ha dado la confianza y la tranquilidad para salir al mundo como mi auténtico yo. Y esto, a su vez, ha atraído a mi órbita a muchas personas y lugares increíbles. Pero no hay mejor sensación que la de volver a casa.

7

MÁS ALLÁ DE LA DIETA

VEGANO CHIC

"Los experimentos tradicionales con animales son caros, llevan mucho tiempo, utilizan muchos animales y, desde una perspectiva científica, los resultados no se trasladan necesariamente a los humanos."

Dr. Christopher Austin,
Ex Director De Los Institutos Nacionales De Salud[1]

"La historia de la investigación del cáncer ha sido una historia de curar el cáncer en el ratón. Hemos curado el cáncer en ratones durante décadas y simplemente no funcionó en humanos."

Dr. Richard Klausner,
Ex Director Del Instituto Nacional Del Cáncer[2]

Lo que ya has afrontado y logrado es inmenso. Creo que este conocimiento es poderoso, y debemos utilizarlo con sabiduría y ética. Podemos trascender muchos de los problemas globales a los que nos enfrentamos—extinción de especies, cambio climático, pandemias globales y epidemias de enfermedades—basándonos en las plantas y sin crueldad. Al pasarte al veganismo, has alineado tus creencias y valores con tu estilo de vida. Alégrate y confía en tus firmes decisiones: ¡estás teniendo un impacto positivo en el mundo!

Ahora que has cambiado tu dieta, puedes explorar otras formas de desarrollar una vida sostenible y sin crueldad. Aunque no quiero abrumarte, creo que es importante tener en cuenta el mensaje más amplio del movimiento vegano y utilizar tu conciencia de forma holística.

Un estilo de vida totalmente vegano excluye toda forma de explotación y crueldad hacia los animales, en la medida de lo posible. La dieta es una parte importante, pero por desgracia, los animales son explotados de muchas otras maneras. Ser totalmente vegano va más allá de la dieta: incluye no ir a zoológicos, no llevar lana ni cuero, y no utilizar cosméticos ni productos probados en animales.

Crecí al lado de una granja de zorros y he sido testigo de la crisis de toda esa industria cuando las grandes casas de moda se deshicieron de las pieles y todos nos replanteamos qué es realmente el lujo.

A medida que avances hacia el veganismo, te sentirás fortalecido por tus cambios positivos. Si te animas a hacerlo, puedes convertirte en un vegano ético y crear un estilo de vida totalmente vegetal. Llegar hasta el final significa prescindir de la miel y los zapatos de cuero. Es fantástico saber que estás viviendo una vida totalmente libre de crueldad. Así que, ¡soltemos esos últimos grilletes carnívoros!

A medida que aumentas tu nivel de concienciación y eliminas los productos de origen animal de tu carrito de la compra y de tus alacenas de la cocina, inevitablemente surgen preguntas y realidades incómodas en torno a lo que compras y vistes. Llegados a este punto, puedes empezar a replantearte todo tu estilo de vida: ¿hasta qué punto tus elecciones de moda son libres de crueldad? ¿Han sido probados en animales tus productos para la higiene personal? Esto implica investigar un poco para comprobar la letra pequeña de todo, desde las etiquetas hasta la ética de tus marcas favoritas.

Solo para reiterar, este es un paso final opcional, para reflexionar, y plantar una semilla. Te felicito y te apoyo en tu situación actual. Solo con cuestionar y cambiar tu dieta, ya has tenido uno de los impactos más efectivos y positivos en el mundo.

Si quieres ir más allá, aquí tienes mis recomendaciones para llevar tu veganismo al siguiente nivel.

ARTÍCULOS DE TOCADOR Y PRODUCTOS DE LIMPIEZA DEL HOGAR

Lo primero en lo que hay que fijarse es en la pequeña marca "V", que indica que el producto está certificado como vegano. Esto significa que no contiene ingredientes de origen animal y que no ha sido probado en animales. Si la pequeña "V" no está presente en el envase del producto, tendrás que consultar el sitio web de la marca para ver si es un producto libre de crueldad o no.

Otra cosa a tener en cuenta son los efectos secundarios de estos productos. Por ejemplo, sabemos que los productos que contienen micro plásticos, disolventes y sustancias químicas se tiran por el desagüe y acaban en todos nuestros suministros de agua. Aunque estos productos sean veganos, dañan la vida acuática y contaminan nuestro planeta.

Si quieres pasar al siguiente nivel, empieza a eliminar tus productos actuales buscando alternativas veganas y ecológicas. La buena noticia es que es más fácil que nunca encontrar artículos de tocador, maquillaje y productos domésticos no tóxicos y libres de crueldad. Solo tienes que ir a tu tienda de productos naturales y buscar en el pasillo de productos para el hogar.

LA MODA

La moda rápida es la segunda industria más contaminante del mundo. Según el Programa de las Naciones Unidas para el Medio Ambiente (UNEP, por sus siglas en inglés), la industria de la moda es la segunda que más contamina el agua en todo el mundo. Cada segundo, el equivalente a un camión de basura de textil se deposita en basureros o se quema. Si las cosas siguen así, esta industria consumirá una cuarta parte de los presupuestos mundiales de carbono. La moda rápida también utiliza textiles derivados del plástico (poliéster, por ejemplo), que representan alrededor del 9% de los micro plásticos presentes en el océano.[3] Se necesitan 2,700 litros (713 galones) de agua para fabricar algodón suficiente para una sola camiseta.[4]

La industria de la moda también tiene un costo humano. La mayoría de nosotros hemos oído hablar de los talleres clandestinos y de las condiciones que los trabajadores del sector textil se ven obligados a soportar (salarios bajos, largas jornadas laborales, condiciones de trabajo insalubres e inseguras), solo para que podamos comprar esa camiseta barata.

Por último, pero no por ello menos importante, los animales sufren torturas y una muerte violenta por la lana, el cuero, el ante, las plumas y las pieles. Nada de esto es necesario, especialmente ahora que la piel falsa y el cuero vegano están tan extendidos y son relativamente fáciles de encontrar.

Nos hemos acostumbrado a la moda de usar y tirar, pero podemos alejarnos de ella. Ser vegano no significa que tengas que vivir en pantalones beige y olvidarte de ir a la moda—¡nada de eso! Pero exige replantearse dónde y con qué frecuencia compramos ropa nueva.

Aquí tienes algunas ideas que te ayudarán a crear tu vestuario libre de crueldad contra los animales:

- Compra de segunda mano. Te sorprenderá lo divertido que puede llegar a ser. Vale la pena rebuscar para encontrar la prenda perfecta por unos pocos dólares/libras/euros.
- Organiza una noche de intercambio de ropa. Reúne a tus amigos para una cena (vegana) y un intercambio de ropa. Cada uno trae un plato y algo de ropa que no quiere, y todos se van con una prenda nueva. La basura de uno es el tesoro de otro, dice el dicho.
- Pide recomendaciones a tus contactos: hay muchas marcas de moda ética, vegana y sin crueldad. Pregunta y explora las distintas opciones. ¡Quizá te sorprenda lo moderno que puede ser el ser vegano!
- Elige bien: el cuero vegano es maravilloso, pero ¿qué materiales se han utilizado en su lugar? ¿Son plásticos reciclados o plásticos vírgenes? ¿Es realmente ético el minorista de ropa, o simplemente ha lanzado una colección "verde" para lavar su imagen?

MARCAS CON ÉTICA

Aquí es donde es necesario investigar un poco. Pero a medida que vaya aumentando lo que sabes, serás capaz de percibir si una marca es ética o no. Y, con un poco de práctica, también sabrás distinguir el "lavado verde" y si las marcas que se han subido al carro del veganismo lo han hecho de dientes para afuera y por marketing, en lugar de por verdadera compasión.

Un ejemplo serían los gigantes mundiales de la comida rápida. Sí, ahora ofrecen opciones veganas. Pero ¿están marcando una diferencia positiva en el mundo o sus prácticas están destruyendo el planeta y dañando a los animales? ¿Han añadido una opción vegana a su menú porque se preocupan por mejorar el estado del mundo o porque han visto una oportunidad de aumentar sus beneficios? Por desgracia, yo diría que es lo segundo. No digo que no debas comer allí, pero vale la pena reflexionar sobre el impacto de las empresas a las que compramos.

He aquí algunas cuestiones que debes tener en cuenta a la hora de elegir tus nuevas marcas favoritas:

- ¿Son sostenibles? Es decir, ¿utilizan materiales o ingredientes sostenibles? ¿Tienen en cuenta su impacto en el medio ambiente y la sociedad? Por ejemplo, eligiendo cadenas de suministro locales e independientes, reduciendo sus emisiones de gases de efecto invernadero o creando organizaciones benéficas locales.
- ¿Son transparentes? Una empresa realmente ética será transparente sobre dónde y cómo obtiene sus materias primas, cómo trata a su personal y si realiza pruebas de sus productos en animales. Si te pones en contacto con la empresa y no obtienes respuestas, es una buena señal de que sus prácticas no son éticas. Las empresas que se preocupan por su impacto estarán orgullosas de compartirlo contigo. Busca información clara, específica y bien organizada.
- ¿Tienen certificaciones de terceros que confirmen su impacto positivo? Estas certificaciones no siempre son infalibles, pero es un buen punto de partida. Por ejemplo, la certificación de Fair-trade (Comercio Justo) está diseñada para ayudar a los productores de los países en desarrollo a obtener un precio justo por sus productos y lograr relaciones comerciales sostenibles y equitativas, pero no siempre es así. Un estudio publicado por MIT Press concluyó que los beneficios para los productores eran insignificantes debido a la sobreoferta de certificaciones.[5] También hay interrogantes sobre si el Comercio Justo puede hacer cumplir los estándares del comercio justo. Pero hay ciertas certificaciones en las que se puede confiar. Por ejemplo, las Corporaciones B Certificadas, cuyo objetivo es utilizar el negocio como una fuerza para el bien, equilibrar el propósito y el beneficio, y están legalmente obligadas a tener en cuenta su impacto sobre los trabajadores, los clientes, los proveedores, la comunidad y el medio ambiente.[6]

LAVADO ECOLÓGICO Y HUMANO

"Hablar bien del sol, el viento y los empleos verdes no es más que maquillaje verde."

Dr. James Hansen, Científico de la NASA[7]

Si algo parece demasiado bueno para ser verdad, suele valer la pena indagar un poco más. Muchas marcas utilizan el "lavado verde" para restar importancia a su impacto medioambiental y engañar a los consumidores haciéndoles creer que sus productos son más ecológicos o menos dañinos de lo que realmente son. Cuando Shell o ExxonMobil lanzan anuncios sobre su energía solar y sus turbinas eólicas mientras guardan silencio sobre sus prácticas más contaminantes (como sus planes de perforar bajo el Ártico), esto es "lavado verde". Otras estrategias también incluyen la financiación de estudios que engañan al público o confunden el argumento del cambio climático. Piensa en cómo la industria tabaquera animaba a la gente a fumar utilizando a los médicos para que recomendaran sus productos.

El " lavado humano " es similar al " lavado verde ". Una industria ganadera cada vez más desesperada utiliza esta nueva táctica para convencer al público de que sus productos se producen de forma humanitaria, incluso cuando resulta imposible ignorar las pruebas de lo contrario. Aparecen imágenes de vacas felices y bien alimentadas y gallinas traviesas pastoreadas con cuidado y cariño por un granjero atento y amable. La mayoría de las etiquetas que se ven en los productos de origen animal, como "*free-range*" ("criado en libertad"), "*cage-free*" ("sin jaulas"), "*family-farmed*" ("criado por una familia") y "*responsibly sourced*" ("de origen responsable"), son engañosas en el mejor de los casos y fraudulentas en el peor.

De forma similar, la poderosa industria ganadera financia estudios para proclamar que está "demostrado" que la carne y los lácteos son saludables, mientras denuncia una dieta vegana como "deficiente." Mientras tanto, una montaña de pruebas bien documentadas demuestra exactamente lo contrario. Están utilizando las mismas tácticas sucias que las corporaciones de cigarrillos e intentan confundirnos y mantenernos enganchados.

Soy el máximo realista vegano. Ya sean "verdes" o de "lavado humano", estas etiquetas no están ahí para proteger el medio ambiente ni a los animales, sino para engañarte haciéndote creer que estás comprando algo sostenible. Es una fachada para intentar enturbiar las aguas. Por lo tanto, tenemos que escudriñar estas falsas narrativas y ver a través del marketing. De este modo, defendemos la verdad y la justicia.

Un *REBEL VEGAN* necesita ser capaz de reconocer estas distracciones deliberadas y ver a través de estos estudios y titulares impulsados por la industria sobre productos que han demostrado una y otra vez ser dañinos para nuestra salud, los animales y el planeta. Estas grandes empresas han invertido miles de millones para engañar y convencer al público de que les importa. Por tanto, tenemos que estar alertas y preparados para defender nuestros valores y nuestro bienestar.

DETECTANDO EL "LAVADO VERDE" Y EL "LAVADO HUMANO":

- ¿La página de sostenibilidad de la marca responde a tus preguntas o te deja con más preguntas que respuestas? Si se trata de un lavado verde/lavado humano, solo obtendrás un montón de grandes declaraciones e imágenes bonitas, pero nada que respalde estas afirmaciones. Si es realmente ética, encontrará información sobre su enfoque de los materiales, los empleados, las emisiones e incluso qué hacer con sus productos una vez que los haya utilizado (por ejemplo, información sobre dónde enviar los artículos viejos para su reparación, donación o reciclaje).

- ¿Tiene la marca certificaciones de terceros y cómo afectan estas certificaciones a las responsabilidades éticas y medioambientales de la marca? ¿Están certificados los productos en sí, o solo los materiales o la fábrica utilizados para fabricarlos?

- ¿Quién es el propietario de la marca? Es habitual que grandes empresas con una ética cuestionable compren marcas independientes o lancen nuevas marcas con otro nombre para conquistar más mercado o atraer a consumidores ecológicos. Por ejemplo, Nestlé es propietaria de Haagen Dazs, Nespresso y KitKat[8], mientras que CocaCola lo es de Innocent Smoothies y Honest Tea, entre otras.[9] Normalmente encontrarás esta información en la letra pequeña de su página web.

- Revisa la letra pequeña: ¿Quién ha financiado el estudio? ¿Tienen los investigadores algún conflicto de intereses? ¿Hay estudios que demuestren exactamente lo contrario?

- Y, por último, ¡cuidado con las afirmaciones que suenan demasiado buenas para ser verdad! Una vez que sepas lo que buscas, detectar el lavado verde y el lavado humano es bastante sencillo.

Una vez que estás en el camino hacia el veganismo y sientes esa creciente sensación de satisfacción por estar alineado con tu ética, no es difícil tomar impulso.

Ser un REBEL VEGAN empieza con la dieta, pero inevitablemente va más allá. Aunque no te sientas preparado para hacer estos cambios ahora, notarás que cuanto más tiempo seas vegano, más te atraerán las marcas que se toman en serio sus responsabilidades sociales, medioambientales y éticas. A medida que cambies hacia una dieta más amable, naturalmente querrás cambiar hacia un estilo de vida más amable, sostenible y compasivo.

Así es como creamos un mundo mejor.
Un paso cada vez - empieza contigo.

B12
Aqua Faba

8

11 SECRETOS PARA MANTENERTE MOTIVADO

"Pon tu corazón, tu mente y tu alma incluso en tus actos más pequeños."
Swami Sivananda[1]

"El verdadero secreto de la felicidad consiste en interesarse genuinamente por todos los detalles de la vida cotidiana."
William Morris[2]

"El secreto de tu futuro está escondido en tu rutina diaria."
Mike Murdock[3]

1. MANTENLO SÚPER SIMPLE:

EL PRINCIPIO DEL BESO

No se trata de ser un chef gourmet. Si complica demasiado su dieta o te presiona demasiado, es probable que acabes exasperándote y renuncies a ella. Concéntrate en comidas sencillas hechas con ingredientes frescos. Recuerda, ¡no estás practicando para competir en MasterChef!

"La perfección es la enemiga del progreso."
Winston Churchill[4]

"Sencillez, paciencia, compasión.
Estos tres son tus mayores tesoros."
Tao Te Ching - Lao Tzu[5]

ALBERT EINSTEIN 1879 - 1955
ITALIA 120
I.P.Z.S.-ROMA-1979
F. TULLI

2. ABRE TU MENTE:

AMPLÍA TU VISIÓN MÁS ALLÁ DEL AQUÍ Y EL AHORA

Hoy en día, todo lo que puedas desear está disponible en formato vegano, desde el queso hasta el sushi. Claro que no es 100% lo mismo, pero al menos está en consonancia con tu ética. Abre tu mente a nuevos sabores y experiencias. Yo di un giro cuando descubrí que las hamburguesas vegetales saben mucho mejor que las de origen animal. He aprendido a disfrutar de la aventura. Y recuerda: tus papilas gustativas no tardarán en adaptarse.

"El progreso es imposible sin cambio, y los que no pueden cambiar de opinión no pueden cambiar nada."

George Bernard Shaw[6]

"La mente que se abre a una nueva idea nunca vuelve a su tamaño original. La medida de la inteligencia es la capacidad de cambiar."

Albert Einstein[7]

"Un corazón abierto es una mente abierta."

Dalai Lama[8]

3. LA PACIENCIA ES UNA VIRTUD:

SÉ PACIENTE CON TUS PAPILAS GUSTATIVAS

Tienen una memoria muy corta—los antojos de carne se les pasarán pronto cuando empiecen a probar alimentos diferentes y sabores más sanos. Mantén la fe, porque comer plantas pronto se convertirá en un hábito y una preferencia. Con un poco de perseverancia y paciencia, nunca volverás la vista atrás. Con el tiempo, te sorprenderás a ti mismo con nuevos antojos de todas las cosas verdes.

"El genio es la paciencia eterna."
Michelangelo

"La paciencia y la perseverancia tienen un efecto mágico ante el cual las dificultades desaparecen y los obstáculos se esfuman."
6º Presidente de EE.UU., John Quincy Adams[9]

"Comprobarás que tus papilas gustativas tienen memoria para unas 3 semanas."
Dr. Neal D. Barnard[10]

IMAGINE

4. LA SENSACION DE PERTENENCIA:

ENCUENTRA TU TRIBU

Conéctate con personas positivas y afines que puedan ayudarte a ganar confianza. Nunca hay que subestimar el poder de la pertenencia. Transformarse con éxito a un estilo de vida sin crueldad requiere apoyo y comprensión.

¡Ningún vegano es una isla! Ser vegano es una gran oportunidad para conocer nuevos amigos y encontrar apoyo y consejos en el camino de otros REBEL VEGANS. Desde los grupos de Facebook hasta las aplicaciones de citas veganas, ver esto como una oportunidad increíble para abrir tu mundo y crear nuevas amistades. Para obtener información más detallada, consulta nuestra amplia sección de Recursos al final de este libro.

"Si quieres ir rápido, ve solo.
Si quieres llegar lejos, ve acompañado."
Proverbio Africano

"Un sueño que sueñas solo es solo un sueño.
Un sueño que sueñas en conjunto es realidad."
John Lennon

"Puedes decir que soy un soñador,
Pero no soy el único.
Espero que algún día te unas a nosotros.
Y el mundo vivirá unido."
John Lennon

5. TENTACIONES:

TEN UN PLAN DE RESERVA

Las tentaciones y los momentos de debilidad ocurren, así que asegúrate de tener una estrategia preparada. Mi punto débil es el olor a tocino. En cuanto me llega, los viejos hábitos quieren apoderarse de mí. Mi estrategia consiste en tener unas palabras conmigo mismo y recordar esas imágenes de "Earthlings" en las que se aleja a los cerditos de su madre. Me convenzo a mí mismo (casi hasta aburrirme) de que no debo caer en ese capricho.

Piensa en los motivos que te llevaron a decidirte por el veganismo: probablemente este sea el mecanismo de seguridad más eficaz cuando te asalte la tentación. A veces ayuda escribir las razones que te llevaron a hacerte vegano y repasar la lista cuando lo necesites. Otra estrategia es tener un amigo vegano en marcado rápido para esos momentos de debilidad.

Advertencia: estas estrategias y tu compromiso se pondrán especialmente a prueba cuando haya alcohol de por medio.

"Empieza por hacer lo necesario, luego lo posible, y de repente, estarás haciendo lo imposible."

San Francisco de Asís[11]

"La debilidad es ceder a la tentación.
La fortaleza es resistirla."

Guillermo Del Toro[12]

"Donde no hay tentación, no hay gloria."

Proverbio Italiano

Fighting

6. MANTENERSE JOVEN Y PRESENTE:

EL DESEO DE TODO NIÑO

Si tienes hijos, la responsabilidad y la motivación de seguir una dieta vegana y predicar con el ejemplo son mayores. Una dieta vegana no solo protegerá su salud, sino que también les enseñará valores importantes, como preservar el planeta y ser compasivo con otros terrícolas. Además, te mantendrás sano y en plena forma durante más tiempo, que es lo que todo niño quiere de sus padres.

"Simplemente decidí que yo era la persona de alto riesgo, y no quería seguir engañándome con esto. Y quería vivir hasta ser abuelo. Así que decidí elegir la dieta que pensé que maximizaría mis posibilidades de supervivencia a largo plazo."
Bill Clinton[13]

"La herramienta de liderazgo más poderosa que tienes es tu propio ejemplo personal."
John Wooden, Entrenador Y Jugador De Básquetbol[14]

"Nunca mirarás atrás en la vida y pensarás: 'Pasé demasiado tiempo con mis hijos'."
Anónimo

बापू

MAHATMA GANDHI

2 OCT 1869 30 JAN 1948

1 1/2 as

INDIA POSTAGE

COURVOISIER S. A.

7. ADAPTARSE Y DESARROLLAR NUEVAS HABILIDADES:

APRENDER A SER VEGANO

Tanto el conocimiento como la simpatía son herramientas poderosas. Para lograr un cambio duradero, necesitas tener confianza en tus decisiones y ser capaz de responder al escepticismo y a los detractores. El hermano mayor de este libro, *LA VIDA de un REBEL VEGAN*: Por qué es importante el veganismo, es la primera inmersión en profundidad en lo que hace que los valores veganos sean tan urgentes en este mundo post-pandémico, y te preparará para cualquier cosa que los escépticos te puedan echar en cara.

Si es posible, busca un mentor vegano. Y, si dominas la habilidad de veganizar, no es necesario que digas adiós a tus restaurantes o lugares de reunión favoritos. Desarrolla tus habilidades para veganizar con diplomacia y carisma, y siempre encontrarás una solución apetecible. Puede que incluso inspires a tu restaurante local a desarrollar su menú, difundir la compasión e inspirar a la próxima generación de *REBEL VEGANS*.

"La educación no tiene fin.
Toda la vida, desde que naces hasta que mueres,
es un proceso de aprendizaje."
Jiddu Krishnamurti[15]

"Vive como si fueras a morir mañana.
Aprende como si fueras a vivir para siempre."
Mahatma Gandhi[16]

"Creo que es un gran estilo de vida para la estabilidad
a largo plazo. También tienes que fijarte en todo lo
demás en tu régimen, lo que estás metiendo en tu
cuerpo, como los suplementos.
Yo siempre estoy aprendiendo."
Venus Williams[17]

"Cuanto antes salgas de tu zona de confort, más pronto
te darás cuenta de que en realidad no era tan cómoda."
Eddie Harris[18]

MAYA ANGELOU
GHANA
c350
GREAT WRITERS OF THE 20TH CENTURY

8. RECONOCE LA INSPIRACIÓN:

CELEBRA TU IMPACTO

Si te haces vegano, influirás en más gente de la que crees. Tus audaces decisiones y tu valentía servirán de inspiración. Incluso los más pesimistas se irán y reflexionarán sobre su propio comportamiento, y tendrán que enfrentarse a su disonancia cognitiva y su conformidad con el sistema. Y es una de las cosas más bellas que puedas hacer por tus seres queridos, porque les inspira a tomar conciencia y mejorar su dieta. Puede que incluso salves vidas.

"Levántate erguido y date cuenta de quién eres, de que sobresales por encima de tus circunstancias."
Maya Angelou[19]

"Creo firmemente en la importancia de comer una dieta completa basada en plantas y alimentos integrales, que puede alargar tu vida y hacerte una persona más feliz en todos los sentidos."
Ariana Grande[20]

MUHAMMAD ALI

125

AUSTRIA

BOXING LEGEND

9. HAZLO REALIDAD:

APOYA A TUS COMPAÑEROS *REBELDES VEGANOS*

Cada vegano tiene circunstancias y retos únicos, y tiene que abrirse camino. Creo que juntos somos más fuertes y que nuestra comunidad debe ser acogedora. Compartimos los mismos valores, aspiraciones y objetivos, así que unámonos y celebremos a los demás y a nuestro movimiento. Estamos juntos en esto, así que hagamos sitio en la mesa.

"El servicio a los demás es el alquiler que pagas por tu habitación aquí en la Tierra."
Muhammad Ali

"Sobresalimos ayudando a los demás."
Robert Ingersoll

"No hay mejor ejercicio para el corazón que agacharse y ayudar a la gente a levantarse."
John Holmes

"La unión hace la fuerza...
Cuando hay trabajo en equipo y colaboración,
se pueden conseguir cosas maravillosas."
Mattie Stepanek, Poetisa De 13 Años[21]

10. CONÓCETE A TI MISMO:

CREE EN TUS VALORES

Hace falta un verdadero sentido de uno mismo para desafiar el status quo o la forma dominante de hacer las cosas. Puede que necesites defenderte y declararte vegano muchas veces. El secreto es tener una fe inquebrantable en tu ética y tu razón. Te recomiendo que escribas tus motivaciones y razones personales para elegir este estilo de vida. Puedes volver a ellos una y otra vez. Puedes colocarlos en el refrigerador, pero en última instancia, ¡tienes que conocerte—y gustarte—a ti mismo!

"Conocerse a sí mismo es el principio de la sabiduría."
Socrates[22]

"Debemos ser el cambio que deseamos ver."
Mahatma Gandhi[23]

"Con cada experiencia, solo tú estás pintando tu propio lienzo, pensamiento a pensamiento, decisión a decisión."
Oprah Winfrey[24]

11. EN DEFINITIVA, DA EL MÁXIMO:

VIVE TU MEJOR VIDA

Haga lo que haga en la vida, quiero darlo todo. Todo se reduce al compromiso y la confianza en hacer lo correcto. No te olvides de experimentar Y divertirte. Recuerda que, como en la vida, lo importante es el viaje, no el destino. Gracias por desafiar e inspirar a los demás con tus valientes decisiones.

"Es increíble levantarse cada mañana sabiendo que cada decisión que tomo es para causar el menor daño posible. Es una forma fantástica de vivir."

Colleen Patrick-Goudreau[25]

"Como nueva vegana, disfruto explorando los sabores de las plantas y las proteínas vegetales. Cada viaje es personal y merece ser celebrado."

Lizzo[26]

"Una vez que empecé, me enamoré del concepto de alimentar el cuerpo de la mejor manera posible."

Venus Williams

9

PENSAMIENTOS FINALES

VALORES COMUNES

"Si no tienes un lugar en la mesa,
es probable que estés en el menú."
Elizabeth Warren

Nuestros estilos de vida pueden protegernos y fortalecernos o enviarnos a una muerte prematura. La forma en que producimos los alimentos y la forma en que comemos están implicadas en la mayoría de las crisis graves pero evitables a las que nos enfrentamos hoy en día. Los delicados ecosistemas del planeta están al borde del colapso, las enfermedades crónicas son la principal causa de muerte y las pandemias virales aumentan tanto en frecuencia como en gravedad.

La humanidad se encuentra en una encrucijada. Tenemos que elegir. Seguir con el status quo actual o rebelarnos y ser una fuerza de cambio con la misión de crear un mundo mejor.

La llegada del virus Covid nos ofreció una oportunidad única para ver lo que está frente a nosotros: la salud es un problema mundial, íntimamente relacionado con la salud de los animales y del planeta. La ciencia y los estudios, cada vez más numerosos, demuestran que la mejor manera de detener futuras pandemias es dejar de consumir productos animales.[1] Es vital que aprendamos de Covid y hagamos los cambios necesarios. Ha sido una dura lección, pero también apunta hacia las soluciones.

Nuestra salud individual también está íntimamente relacionada con nuestra manera de comer. La dieta occidental estándar es la que más contribuye a las enfermedades cardíacas, el cáncer, la obesidad, la diabetes y otras enfermedades crónicas.[2] Estas afecciones son prevenibles e incluso reversibles con una dieta basada en alimentos integrales de origen vegetal.[3]

Los científicos llevan décadas advirtiendo de que nuestro planeta está sufriendo los efectos de nuestro estilo de vida, sobre todo de nuestra dieta. La producción de carne provoca deforestación, despilfarro de agua y contaminación atmosférica. Incluso si dejamos de utilizar combustibles fósiles por completo, superaremos nuestro límite de 565 gigatoneladas de emisiones de dióxido de carbono en 2030, a menos que reduzcamos drásticamente nuestra dependencia de los productos animales.[4] Ninguna solución medioambiental marcará una diferencia significativa, a menos que también incluya el abandono de la producción de carne.

Debemos aprovechar la pequeña oportunidad que tenemos de introducir cambios reales en nuestra manera de comer y producir alimentos. Este es nuestro momento. Hemos visto a través de las mentiras: la carne y los productos lácteos no son los alimentos saludables que la industria alimentaria nos quiere hacer creer, sino todo lo contrario. Podemos obtener todos los nutrientes que tenemos de una dieta equilibrada basada en plantas. Esta guía es el trampolín hacia una forma de comer más compasiva—una que favorece la salud y la longevidad, es respetuosa con los animales, sostenible con el medio ambiente y tiene un sabor delicioso.

El viaje único de cada uno hacia el veganismo es como una peregrinación a casa, a nuestro yo original y auténtico, a nuestro núcleo empático y compasivo. Son valores intrínsecos con los que nacimos, antes de que se normalizara nuestro violento sistema alimentario. Hacerse vegano es una forma de reclamar este derecho de nacimiento... y son valores que el mundo necesita desesperadamente ahora mismo: compasión por nosotros mismos y por los demás, amabilidad hacia todos los terrícolas y consideración por nuestro hogar planetario.

El veganismo no consiste sólo en comer más col rizada y aguacates. Es más que una dieta; es un cambio de mentalidad que se aleja de una actitud despreocupada hacia nuestro planeta, sus recursos y otros seres. Es lo que nos trajo aquí en primer lugar.

Nuestros valores veganos intrínsecos nos impulsan a remodelar nuestra relación con todos los seres con los que compartimos los recursos de la Tierra. Es una oportunidad única y extraordinaria de ver el mundo de nuevo. Es el comienzo de una nueva aventura para movernos por la vida de un modo que cause el menor daño posible. Es una manera de conectar con el mundo de forma ética, compasiva y digna.

Has tomado la valiente decisión de convertirte en un REBEL VEGAN y vivir en consonancia con tus valores fundamentales. Eso es muy importante, porque muchos no lo conseguirán, o ni siquiera tendrán la oportunidad de hacerlo—tú lo hiciste. Siendo tu mejor y más auténtico yo, te convertirás en un rayo de luz.

Tu rebeldía es un regalo, tanto para ti como para los animales y el planeta. Tu valiente decisión de hacerte vegano puede ser el eslabón que falta para que alguien más haga cambios, cuestione el status quo y se conecte con su yo auténtico; para que abrace sus valores fundamentales. Tu valiente ejemplo desafiará e inspirará a quienes te rodean. Así es como nos convertimos en una fuerza del bien y creamos un mundo nuevo y valiente. Bienvenidos a casa.

Así que cuando empieces esta aventura, recuerda ser amable contigo mismo, tómatelo día a día y saborea cada bocado de tu viaje a base de plantas. Te he guardado un lugar en la mesa con todos tus compañeros *REBEL VEGANS*.

GEORGE BERNARD SHAW

¡UNO DE LOS REBELDES VEGANOS ORIGINALES!

Nacido en Dublín en 1856, George Bernard Shaw se convirtió en uno de los más grandes dramaturgos del mundo. Siempre me ha inspirado a vivir con autenticidad y fue un rebelde por derecho propio. Sus obras trataban temas sociales como el privilegio de las clases, la desigualdad, la educación y la salud, pero su principal preocupación era la explotación de las clases vulnerables y trabajadoras. Tiene el honor de ser la única persona que ha recibido a la vez el Premio Nobel (de literatura, en 1925) y el Oscar (en 1938, por su obra *Pigmalión*, que más tarde se convertiría en la película *My Fair Lady*).

A los 25 años se hizo vegetariano estricto hasta su muerte, 70 años después. Con el tiempo también abandonó los lácteos. En sus diarios, describe el panorama de la comida vegetariana en Londres e informa de que había docenas de restaurantes vegetarianos, que él frecuentaba con regularidad. Si viviera hoy, casi con toda seguridad se identificaría como vegano (el término vegano se acuñó por primera vez al año siguiente de su muerte).

Vivió hasta los 94 años, algo casi inaudito en aquella época. Su dieta "extrema" fue comentada y valorada en sus obituarios de todo el mundo, probablemente la primera vez que mucha gente habría oído hablar o considerado este tipo de estilo de vida. ¡Incluso muerto, estaba desafiando el status quo!.

Palabras para seguir la vida: Estas son algunas de mis citas favoritas de Shaw:[5]

"Una mente del calibre de la mía no puede nutrirse de vacas."

"La edad promedio (longevidad) de una persona que come carne es de 63 años. Yo estoy a punto de cumplir 85 y sigo trabajando tan duro como siempre. Ya he vivido bastante e intento morirme, pero simplemente no puedo hacerlo. Un solo bistec acabaría conmigo, pero no me atrevo a tragármelo. Me oprime el temor de vivir para siempre. Ese es el solo inconveniente del vegetarianismo."

"Los animales son mis amigos... y yo no me como a mis amigos."

"Tú ves cosas; tú dices, '¿Por qué?'
Pero yo sueño cosas que nunca fueron; y digo: '¿Por qué no?'"

George Bernard Shaw, Regreso a Matusalén[6]

10

RECETAS

SALSAS, DIPS, CREMAS PARA UNTAR

NOTA:
PUEDES ENCONTRAR LAS FOTOS EN COLOR DE TODAS LAS RECETAS Y OTRAS IMÁGENES EN NUESTRO SITIO WEB:
REBELVEGANLIFE.COM

CREMA DE GIRASOL Y CEBOLLINO PARA UNTAR

Ingredientes

4 cucharadas de cebollino picado
1 cebolla blanca pequeña
120 g de semillas de girasol
55 ml de aceite de girasol
1 cucharada de hierbas secas
¼ cucharadita de nuez moscada
Jugo de ¼ de limón
Sal y pimienta al gusto

Opcional: 1 diente de ajo

Cómo prepararlo

- En un procesador de alimentos o una licuadora de alta velocidad, añade las semillas de girasol, el aceite y las especias.
- Vierte agua suficiente para que todo quede cubierto y bate hasta que se forme una pasta cremosa pero ligeramente grumosa.
- Pica el cebollino y añádelo a la mezcla junto con una cebolla picada fina.
- Deja reposar unos 20 minutos antes de servir.

Dado que esta pasta para untar dura al menos 5 días en el refrigerador, es un gran alimento básico para sándwiches, baguettes, etc.

SALSA DE QUESO DE COLIFLOR

Ingredientes

200 g coliflor

300 g de patatas (papas)

½ cebolla blanca mediana

¼ cucharadita de cúrcuma en polvo

½ cucharadita de pimienta blanca

½ cucharadita de mostaza de Dijon

1 cucharada de caldo vegetal

6 cucharadas de levadura nutricional

Una pizca de azúcar

Agua

Sal y pimienta al gusto

Cómo prepararlo

- Pela las patatas (papas) y añádelas, junto con la coliflor cortada, a una olla mediana.
- Pica la cebolla y échala también a la olla.
- Añade agua suficiente para cubrir las verduras y agrega el caldo de verduras.
- Cocer hasta que las patatas y la coliflor se deshagan.
- Escurrir y reservar unos 120 ml del líquido.
- Añadir todos los ingredientes y las especias en una batidora y licuar hasta obtener una mezcla homogénea.

Esta salsa es ideal para hamburguesas, macarrones con queso veganos, platos de nachos o tacos!

DIP DE ALCACHOFA

Ingredientes

125 g Anacardos (castañas)

75 g Tofu firme

90 g Alcachofas de bote

200 ml Leche vegetal a elegir (recomiendo la de avena o soja) - sin endulzar

2 cucharadas de levadura nutricional

½ cucharadita de ajo y cebolla en polvo

1½ cucharada de pimentón dulce en polvo

2-3 cucharadas de aceite de girasol o de oliva

Opcional hojuelas de chile

Cómo prepararlo

- Remoja los anacardos en agua caliente (asegurándote de que todos los anacardos estén completamente cubiertos) durante al menos 1.5 horas.
- Enjuáguelos, escúrralos y mezcla todos los ingredientes en una batidora de alta velocidad.
- Mézclalos hasta obtener una mezcla homogénea y sazona con sal y pimienta al gusto.
- Es una receta estupenda para usar en reuniones, fiestas o picnics espontáneos.
- Sírvelos con nachos veganos o galletas saladas.
- También queda muy bien con bagels, sándwiches o baguettes.

Nos encanta combinado con unos higos frescos, tomates secos y nueces.

SEMANA 1
ELIMINA LOS HUEVOS Y LOS LÁCTEOS Y COMIENZA CON UN DESAYUNO VEGANO

BAGELS DE AGUACATE CON TIRAS DE TOFU MARINADO

Ingredientes

Bagel vegano de tu elección

70 g de Tofu Ahumado

½ aguacate

Verduras frescas a elegir (por ejemplo, espinacas de hoja pequeña)

2-3 Nueces

Jugo de ¼ de limón

Unas rodajas de cebolla roja pequeña

Para la marinada:

1 cucharadita de salsa de soja

½ cucharada de salsa inglesa (Worcester)

1 cucharadita de levadura nutricional

½ cucharadita de ajo y cebolla en polvo

½ cucharadita de pimentón ahumado en polvo

1 cucharada de aceite de girasol

Cómo prepararlo

- Corta el tofu en rodajas del mismo tamaño que quepan en el bagel de tu preferencia.
- Prepara el marinado mezclando todos los ingredientes y deja las rodajas de tofu en remojo durante al menos 30 minutos.
- Mientras tanto, corta el bagel por la mitad y tuéstalo hasta que esté dorado y crujiente.
- Tritura el aguacate con zumo de limón y una pizca de sal.
- Asa el tofu marinado en la parrilla por ambos lados a fuego medio y empieza a montar tu bagel empezando por la crema de alcachofa, seguida de las verduras, el puré de aguacate, el tofu, la cebolla y las nueces. ¡Buen provecho!

RACIONES
1 – 2

REVUELTO DE TOFU

Ingredientes

½ cebolla blanca

1 bloque de tofu firme

3 cucharadas de levadura nutricional

1 cucharada de aceite de girasol o una rebanada de mantequilla vegana

Una pizca de cúrcuma y otra de ajo en polvo

Sal y pimienta al gusto

Cómo prepararlo

- Corta la cebolla en rodajas y por la mitad.
- Añade un poco de aceite a una sartén y echa la cebolla junto con 1 bloque de tofu firme machacado (revuelto).
- Añade todos los condimentos y remueve hasta que quede homogéneo.
- Deja que el revuelto cubierto se cocine durante unos 5 minutos a fuego bajo-medio, mezclando de vez en cuando.

MUFFINS DE PLÁTANO Y CHOCOLATE GF

Ingredientes

165 g de avena o harina de avena

200 ml de leche vegetal (sin azúcar)

1 cucharadita de jugo de limón o lima

1½ cucharadita de levadura en polvo

1 cucharadita de bicarbonato de sodio

80 g de azúcar de caña

50-60 g de mantequilla de frutos secos (por ejemplo, almendra)

½ cucharadita de canela en polvo

2 cucharadas de aceite de girasol

2 plátanos pequeños - medianos (muy maduros)

50 g de chocolate negro (tipo 70%)

Cómo prepararlo

- Precalienta el horno a unos 180C.
- Mezcla la leche con el jugo de limón y reserva.
- Si vas a usar avena para esta receta, asegúrate de molerla primero hasta convertirla en harina.
- Mezcla la harina de avena con el resto de los ingredientes secos y, a continuación, añade el puré de plátano y la leche.
- Trocea el chocolate e incorpóralo a la masa.
- Toma tus moldes para muffins y rellénalos, después mételos en el horno y hornéalos entre 30 y 40 minutos.

BATIDO DE BAYAS

Ingredientes

1 plátano grande congelado

120 g de bayas mixtas congeladas (o cualquier otra baya roja: fresas, arándanos, frambuesas, moras, etc.)

220 ml de leche de almendras

¼ cucharadita de canela

Opcional: semillas de cáñamo

Cómo prepararlo

- Mézclalo todo en una licuadora de alta velocidad y bébelo enseguida.

Los batidos (licuados) son un "plato" estupendo, ya que puedes llevarlos a todas partes (siempre y cuando los guardes en una jarra o un recipiente isotérmico).

También son una forma estupenda de añadir más verduras y antioxidantes a tu dieta.

TAZÓN DE YOGUR

Ingredientes

180 g de yogur de coco

½ plátano

Fruta de tu elección, por ejemplo: higos, maracuyá

2 cucharadas de frutos secos triturados o rallados

1 cucharadita de semillas de cáñamo y chía

Opcional: trocitos de chocolate amargo

Cómo prepararlo

- Añade el yogur a un tazón, trocea tus frutas favoritas y añade algunos frutos secos y semillas para obtener grasas saludables

RACIONES
2 – 4

CREPES CON MANZANAS COCIDAS

Ingredientes

200 g de harina de espelta

300 ml de leche vegetal

2 cucharadas de azúcar de caña o de flor de coco

Una pizca de sal

2 manzanas pequeñas

1 cucharadita de aceite de coco

Unas cuantas pasas

1 cucharada de azúcar de caña o de flor de coco

Una pizca de nuez moscada y otra de canela

Cómo prepararlo

- Prepara la masa de los crepes simplemente añadiendo todos los ingredientes secos en un tazón antes de verter la leche.
- Bátela y ponla a cocer en una sartén ligeramente engrasada a fuego medio-bajo por ambos lados.
- Trocea las manzanas y ponlas en una olla pequeña junto con las pasas, la canela, la nuez moscada, el aceite de coco y el azúcar.
- Cocínalo a fuego medio-bajo y mantenlo tapado hasta que hayas terminado la masa de las crepes.

RACIONES
1 – 2

DESAYUNO INGLÉS VEGANIZADO

Ingredientes

175 g de champiñones cafés tipo español

Rebanada mediana de mantequilla vegana

Revuelto de tofu

Tofu ahumado marinado

4 tomates pequeños

150 g de judías (frijoles) blancas en salsa de tomate

Cómo prepararlo

- Cocina los champiñones y los tomates en un poco de mantequilla vegana para darles más sabor.
- A continuación, simplemente echa un vistazo a las recetas del revuelto de tofu y del tofu ahumado marinado.
- Solo tendrás que preparar el marinado que hemos utilizado para los medallones de tempeh, cortar tu tofu ahumado en rebanadas y asarlo por ambos lados hasta que esté crujiente.
- Calienta las judías y acompáñalas con un poco de pan fresco al lado y, opcionalmente, cebollino recién cortado.
- ¡Que lo disfrutes!

No solo es un clásico, sino que además es muy saludable. Aporta fibra, hierro, proteínas y carbohidratos saludables. ¡Te mantendrá satisfecho durante mucho tiempo!

SEMANA 2
SUPRIMIR LA CARNE ROJA E IMPLEMENTAR ALMUERZOS A BASE DE PLANTAS

TACOS CRUJIENTES CON AGUACATE Y SALSA

Ingredientes

1 pimiento morrón

1½ cebolla roja pequeña

2 dientes de ajo

100 g de alubias rojas en lata

2 cucharaditas de pasta de tomate

1 cucharadita de comino

2 cucharaditas de pimentón ahumado (paprika)

1.5 cucharadas de salsa inglesa (Worcestershire)

Aceite de oliva

6-8 champiñones cafés tipo español

1 aguacate

8 tomates cherry

Jugo de ¼ - ½ limón verde

Sal y pimienta al gusto

Albahaca fresca o cilantro

Cómo prepararlo

- Pica el pimiento, 1 diente de ajo y la cebolla en dados pequeños.
- Cocínalos junto con un poco de aceite de oliva en una sartén mediana a fuego medio.
- Tápalo y déjalo cocer a fuego lento hasta que los pimientos empiecen a ablandarse.
- Añade la pasta de tomate, las especias (excepto la sal*), la salsa inglesa y los champiñones.
- Mezcla bien e incorpora las alubias rojas cuando las setas estén casi cocidas.
- Apaga el fuego y mantenlo tapado mientras preparas la salsa!

Para la salsa

- Empieza cortando los tomates en dados pequeños.
- Hazlo también con el otro diente de ajo y la mitad de otra cebolla roja.
- Mézclalo todo con un poco de aceite de oliva, sal y pimienta, y verduras frescas, como cilantro o albahaca.
- Puedes añadir chiles frescos para darle un toque picante.
- Sirve a tu gusto y ¡a disfrutar juntos!

El dip de alcachofas es una gran combinación con esto, ya que no es demasiado dominante en sabor, pero añade un poco de cremosidad.

El marinado de los medallones de tempeh también funciona muy bien como salsa para tacos y nachos.

SUCULENTA PASTA DE NUECES SOBRE BAGUETTE

Ingredientes

75 g de nueces

120 g de tofu ahumado

½ cebolla roja

1 cucharada de salsa de soja

1.5 cucharadas de pasta de tomate

1 cucharadita de líquido para ahumar

½ cucharada de pimentón ahumado en polvo (paprika)

¼ cucharadita de comino

Pizca de ajo en polvo

2 cucharadas de aceite de girasol

Perejil fresco para acompañar

Cómo prepararlo

- Pon todo en un procesador de alimentos de alta velocidad y tritúralo.
- (utilice la función "pulse" si su aparato cuenta con ella).
- Asegúrate de que la textura siga siendo grumosa, pero que se pegue al presionarla con los dedos.
- Guárdalo en el refrigerador para que se conserve fresco.

Sírvalo acompañado de pan fresco. Nos encanta con un buen pan baguette francés o un pan negro rústico y crujiente.

PANQUEQUES DE BATATA (CAMOTE) Y ALBAHACA

Ingredientes

80 g de camote rallado o en tiras
100 g de harina de espelta
1 cucharada de levadura nutricional
1 cucharada de aceite de girasol
½ cucharadita de ajo y cebolla en polvo
Una pizca de nuez moscada y cúrcuma
175 ml de leche de nueces/granos sin azúcar (por ejemplo, de avena)
Unas hojas de albahaca fresca
6 champiñones medianos
Un puñado de verduras frescas, p. ej. rúcula (arúgula)
100 g de yogur de soja
1 diente de ajo
Un chorrito de ½ limón
Sal y pimienta al gusto

Cómo prepararlo

- Mezcla el yogur de soja con 1 diente de ajo recién picado y zumo de limón.
- Aparta y reserva.
- En un tazón grande, mezcla la harina, las especias y la leche vegetal.
- Añadir el camote rallado y batir bien.
- Añadir un poco de aceite a una sartén a fuego medio y cocinar los panqueques por ambos lados.
- Sírvelos con verduras frescas y tu yogur de limón infusionado con ajo.

Este es un platillo ideal para el desayuno o el brunch del domingo por la mañana.

Es sustancioso, fresco y se prepara en segundos.

Siéntete libre de cambiar los ingredientes: verduras marinadas, espinacas salteadas con champiñones, etc.

ENSALADA DE RÚCULA (ARÚGULA) Y GARBANZOS

Ingredientes

3-4 puñados de rúcula (arúgula) fresca

10 tomates cherry

175 g de garbanzos precocidos

Aceitunas Kalamata

25 g de arándanos secos

2 cucharadas de semillas de girasol o calabaza

2 cucharadas de aceite de oliva

2-3 cucharadas de vinagre balsámico

Sal y pimienta al gusto

Cómo prepararlo

- Lava y seca la rúcula y ponla en un recipiente mediano.
- Corta los tomates en cuartos y las aceitunas por la mitad y añádelos a la ensalada.
- Añade el resto de los ingredientes y simplemente añade sal y pimienta al gusto.

Puedes utilizar esta receta como plato principal para un día caluroso, ¡o también como ensalada de acompañamiento de una sopa!

SÁNDWICH CON TOFU MARINADO

Ingredientes

2 rebanadas de pan

4 tomates secos

75 g de tofu firme

2 hojas de lechuga romana

1 tomate

Verduras asadas a elección (por ejemplo, berenjena, pimiento)

Pepino

1 cucharadita de mostaza de Dijon

2 cucharaditas de vinagre balsámico

1 cucharada de líquido para ahumar

1½ cucharadas de jarabe de maple

½ cucharadita de ajo y cebolla en polvo

Sal y pimienta al gusto

Cómo prepararlo

- Para marinar el tofu, mezcla todos los líquidos y las especias en un tazón y deja el tofu en remojo durante al menos 1 hora (también puedes prepararlo la noche anterior y guardarlo en el refrigerador).
- Corta las verduras en juliana y ásalas en una sartén con un poco de aceite.
- Mientras tanto, tuesta el pan y corta el tomate y el pepino en rodajas.
- ¡Asa el tofu por ambos lados y monta tu sándwich junto con el resto de los ingredientes!

Este es un plato ideal para llevar al trabajo, a la escuela o para disfrutar juntos de un picnic.

PASTA DE LENTEJAS EN SALSA DE TOMATE

Ingredientes

2 raciones de pasta (a tu gusto)

250-300 g de passata italiana / salsa de tomate

1 cucharada de pasta de tomate

2 dientes de ajo

1 cebolla blanca mediana

150 g de lentejas rojas o morenas cocidas

1 cucharadita de hierbas italianas secas

Sal y pimienta al gusto

2-4 cucharadas de agua de la pasta

Cómo prepararlo

- Pon a cocer dos raciones de pasta siguiendo las instrucciones del paquete.
- Para preparar la salsa, simplemente sofríe el ajo y la cebolla picados en un poco de aceite de oliva a fuego medio.
- Cuando estén transparentes, añade la pasta de tomate, las hierbas y la pimienta.
- Añade la passata y, a continuación, las lentejas.
- Vierte un poco del agua de la pasta en la salsa y cuela la pasta un poco antes de que esté totalmente cocida (para que no se ablande demasiado al mezclarla con la salsa).
- Sírvelo con hierbas frescas y levadura nutricional por encima.

Los platos de pasta son ideales para llevar al trabajo o a la escuela, ya que también se pueden disfrutar fríos, no ocupan demasiado espacio y se pueden recalentar fácilmente en otra ocasión.

COLIFLOR Y ALUBIAS BLANCAS AL CURRY

Ingredientes

1 lata de alubias blancas (frijoles blancos)

450 g de coliflor

1 cebolla blanca grande

2 dientes de ajo

1 cucharada de semillas de alcaravea

½ cucharadita de nuez moscada

1 cucharada de pimentón ahumado

3 cucharaditas de curry amarillo en polvo

2 cucharaditas de azúcar de caña

1.5 cucharadas de caldo de verduras

150 ml de agua

Jengibre fresco

Cilantro fresco

Cómo prepararlo

- Pica la cebolla y el ajo y añádelos a una olla grande con el aceite y las especias.
- Remuévelo todo e incorpora la coliflor troceada.
- Vierte unos 150 ml de agua junto con el caldo de verduras y deja que se cocine todo hasta que la coliflor empiece a ablandarse.
- Añade un poco de jengibre cortado en rodajas finas y las judías precocidas, y déjalo reposar unos 25 minutos sin calor.
- Mantén la olla tapada y sírvelo con arroz y un poco de limón fresco al lado.

Un platillo familiar y delicioso que puede prepararse en cantidades más grandes con anticipación, para que puedas simplemente congelarlo o guardar el resto en el refrigerador para otra ocasión.

SEMANA 3
ELIMINA TODOS LOS ANIMALES TERRESTRES Y OPTA POR CENAS Y COMIDAS VEGANAS

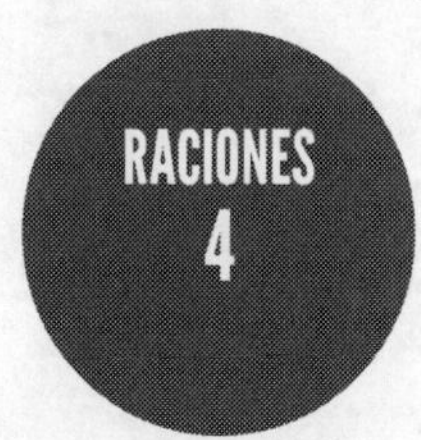

HAMBURGUESA A LA REBEL VEGAN

Ingredientes

Bollos de hamburguesa veganos

Tomates

Ensalada Roma

1 cebolla roja

400 g de tofu firme

Opcional: pepinillos encurtidos

Para el marinado:

2 cucharadas de pasta de tomate

2 cucharadas de líquido para ahumar

1 cucharada de aceite de girasol

1 cucharada de salsa inglesa (Worcester)

1 cucharada de levadura nutricional

1 cucharadita de pimienta blanca

½ cucharadita de cebolla y ajo en polvo

Sal y pimienta al gusto

Cómo prepararlo

- Prepara el marinado mezclando todos los ingredientes en un recipiente pequeño (debe ser lo suficientemente grande para que puedas sumergir el tofu en él).
- Nota: si la salsa de marinar resulta demasiado espesa, puede ser conveniente añadir un poco de agua.
- Corta cuatro trozos de tofu del mismo tamaño.
- Sécalos y déjalos en remojo en la salsa de marinar durante al menos 1 hora. De vez en cuando, dales la vuelta y cúbrelos con la marinada por ambos lados.
- Ásalas en una sartén por ambos lados a fuego medio y cúbrelas con una tapa.
- Monta las hamburguesas a tu gusto y ¡listo!

La salsa de queso de coliflor combina muy bien con esta receta.

Simplemente recaliente la salsa a fuego medio-bajo hasta que esté lo suficientemente caliente, y rocía sobre las hamburguesas al tiempo que superpones los ingredientes.

CHILI SIN CARNE

Ingredientes

1 pimiento rojo

275 g de alubias (frijoles) cocidas

1 cebolla blanca grande

2 dientes de ajo

2-3 cucharadas de puré de tomate

250 g de tomates troceados en lata

2 cucharadas de caldo de verduras

100-150 ml de agua

1-2 cucharadas de aceite de oliva

1.5 cucharadas de pimentón ahumado (paprika) en polvo

1 cucharadita de pasta de miso

1 cucharadita de comino

Una pizca de azúcar

1 hoja de laurel

Sal y pimienta al gusto

Cómo prepararlo

- Pica la cebolla en trozos medianos y el ajo finito.
- Ponlos juntos en una olla grande con un poco de aceite de oliva y saltéalos hasta que estén transparentes.
- Corta el pimiento en dados pequeños y añádelos a la olla con todos los condimentos (incluido el caldo de verduras), el miso y la pasta de tomate.
- Mezcla bien, añade los tomates en lata y el agua, e incorpora la hoja de laurel.
- Tapa la olla y deja que cueza entre 10 y 15 minutos, o hasta que los pimientos empiecen a estar blandos.
- En este punto, mezcla las alubias rojas precocidas para que se calienten junto con el resto.
- Apaga el fuego y deja que todo se asiente durante otros 20 minutos (con la tapa puesta).
- Sírvelo con verduras frescas, como cilantro y perejil.

También es un plato estupendo para fiestas, ¡y estoy seguro de que nadie notará la diferencia con un chili con carne tradicional!

PIMIENTOS RELLENOS

Ingredientes

150 g de lentejas precocidas

2 pimientos grandes

1 ración de arroz (indicada en el paquete)

1 zanahoria mediana

1 cebolla blanca mediana

2 dientes de ajo

1 - 2 cucharadas de aceite de oliva

3 cucharadas de caldo de verduras

2 cucharaditas de líquido para ahumar

1 cucharada de pimentón ahumado (paprika) en polvo

½ cucharadita de comino

1 cucharada de pasta de tomate

Sal y pimienta al gusto

Jugo de ½ limón

Agua

Cómo prepararlo

- Empieza precalentando el horno a unos 200C.
- Abre los pimientos para quitarles las semillas y úntalos con un poco de aceite. Espolvoréalos con un poco de sal antes de meterlos en el horno para que se gratinen mientras preparas el relleno.

Relleno

- Corta la cebolla en aros y luego por la mitad.
- Pica la zanahoria en daditos y el ajo en trocitos.
- Añádelo todo a una sartén grande con un poco de aceite de oliva y déjalo cocer a fuego medio-bajo con la tapa puesta hasta que la cebolla y el ajo empiecen a perder color.
- Incorpora las lentejas precocidas junto con todas las especias, la pasta de tomate, el ahumado líquido y el arroz cocido.
- Bate todo, salpimienta a tu gusto y apaga el fuego.
- Añada el jugo de limón y a continuación saca los pimientos para rellenarlos.
- Vuelve a meterlos en el horno durante unos 30 o 40 minutos.

¡Nuestra salsa de queso de coliflor también combina muy bien con esta receta!

TARTA AL HORNO DE BRÓCOLI Y CALABACÍN CON SALSA DE QUESO

Ingredientes

300 g de patatas (papas)

300 g de brócoli

2 dientes de ajo

1 calabacín mediano

1 cebolla blanca mediana

1 cucharada de pimentón ahumado (paprika) en polvo

½ cucharada de pimienta blanca

2 cucharadas de aceite de oliva

~ 100 ml de leche vegetal sin azúcar

Sal y pimienta al gusto

Cómo prepararlo

- Precalienta el horno a 185C.
- Corta las patatas, el brócoli y el calabacín en dados pequeños, asegurándote de que los trozos de patata sean un poco más pequeños que el resto, ya que son los que tardan más en cocinarse.
- Corta el ajo en rodajitas finas, pica la cebolla y mézclalo todo en un tazón grande, junto con las especias y el aceite.
- Añade un poco de leche vegetal a una cazuela e introduce las verduras en el horno durante unos 30 minutos, removiendo de vez en cuando.
- Pasados los 30 minutos, sácalas del horno y vierte la salsa de queso por encima.
- Deja cocer otros 20 minutos y ¡listo!

Recomiendo servirlo con verduras frescas, como perejil de hoja plana o espinacas baby. ¡Le darán un delicioso toque crujiente!

MEDALLONES DE TEMPEH SOBRE VERDURAS A LA PLANCHA

Ingredientes

200 g de tempeh

2 cucharadas de pasta de tomate

1 cucharada de líquido para ahumar

2 cucharadas de salsa inglesa (Worcester)

1 cucharada de aceite vegetal (por ejemplo, de girasol)

½ cucharadita de mostaza de Dijon

2 cucharaditas de pimentón ahumado (paprika) en polvo

1 cucharadita de miel de maple

Opcional: 1 cucharadita de pimienta de cayena

Agua para diluir

½ berenjena grande

2 pimientos, por ejemplo rojo y amarillo

1 cebolla mediana de las dos, roja y blanca

Sal y pimienta al gusto

Opcional: ajo fresco picado

Cómo prepararlo

- Mezcla todos los ingredientes de la lista en un tazón, corta el tempeh en rebanadas o en rueditas (dependiendo de la forma que tenga) y déjalo marinar por ambos lados durante al menos 1 hora.
- Asegúrate de darles la vuelta de vez en cuando, para que ambos lados queden uniformemente cubiertos y empapados.
- Mientras tanto, prepara tus verduras a la parrilla simplemente cortándolas en juliana y añadiéndolas a una sartén con un toque de aceite.

TARTAR DE CHAMPIÑONES

Ingredientes

650 g de champiñones marrones de botón

3 chalotas

2.5 cucharadas de aceite de girasol

1 cucharadita de jugo de limón

1 cucharada de perejil fresco picado

1 - 2 cucharadas de perejil fresco picado

Sal y pimienta al gusto

Cómo prepararlo

- Limpiar y lavar suavemente los champiñones y cortarlos en dados pequeños.
- Añadir un poco de aceite a una sartén y asar los champiñones hasta que todos los líquidos se hayan evaporado.
- Mientras tanto, pica las chalotas y añádelas a la sartén justo antes de que se acaben de cocinar los champiñones.
- Trocea finamente las verduras frescas y mezcla todos los ingredientes en un tazón antes de sazonar con sal y pimienta.
- Rocía con un poco de jugo de limón y deja que se asienten durante unos 5 minutos antes de servir.

Este platillo va muy bien con pan fresco tipo baguette y margarina.

¡También es ideal para fiestas o como aperitivo!

SEMANA 4
¡CENA DE CELEBRACIÓN!

EL CURRY DE TODD

Este es mi platillo de fiesta que puedo preparar para invitados inesperados en un dos por tres. Cada vez lo hago un poco diferente con las verduras que tengo a mano.

Si tienes que dar de comer a más personas, simplemente añade más leche de coco, tomates picados y verduras para completarlo. Todo el mundo es bienvenido a mi mesa.

Ingredientes

2 cucharadas de aceite de coco

2 latas de garbanzos

1 lata de jackfruit (jaca)

250 g de espinacas baby

½ lata de leche de coco

½ lata de tomates picados

2 cebollas blancas medianas

2 tomates medianos

2 dientes de ajo

2 cucharadas de semillas de mostaza

2 cucharadas de comino

1 cucharada de garam masala

1 cucharada de curry en polvo

1 cucharada de cúrcuma

1 cucharadita de jengibre fresco picado

Opcional: 2 chiles verdes

Cómo prepararlo

- En una olla grande, mezcla el aceite de coco, las cebollas picadas, el ajo picado y todas las especias.
- Remueve y cocina hasta que se caramelicen.
- Añade la media lata de tomates picados, los tomates frescos picados y el jengibre.
- Deja que todo se cocine a fuego medio con la tapa puesta.
- Remueve de vez en cuando y añade ½ lata de leche de coco, 1 lata de garbanzos licuados y otra de garbanzos sin licuar y el jackfruit.
- Mezcla todo y añade después las espinacas.
- Tapa, baja el fuego y deja cocer a fuego lento otros 10 minutos.

TARTA CRUDIVEGANA DE COCO Y FRUTOS ROJOS

Ingredientes

Relleno

90 g Anacardos

2 cucharadas de miel de maple

3 cucharadas de yogur de coco

2 cucharadas de aceite de coco

1 cucharadita de extracto de vainilla

½ cucharadita de agua de rosas

Jugo de ½ limón

Base

150 g de avena triturada

130 g de dátiles sin hueso

½ cucharadita de canela

Una pizca de sal

1 ½ cucharada de aceite de coco

+ Bayas congeladas de tu preferencia

Cómo prepararlo

- Remoja los anacardos en agua caliente durante al menos 1.5 horas.
- Para preparar la base, mezcla todos los Ingredientes (base) en un procesador de alimentos hasta que la mezcla empiece a pegarse al presionarla entre los dedos.
- Presiona en un molde pequeño con fondo desmontable y congela durante unos 40 minutos.
- Mientras tanto, prepara el relleno escurriendo los anacardos y añadiéndolos a una batidora con todos los demás ingredientes.
- Verter sobre la base y congelar 1.5 horas más antes de decorar.
- Una vez decorada la tarta, congela de 40 a 60 minutos más o hasta que el relleno esté lo suficientemente firme.

Asegúrate de descongelar el pastel a temperatura ambiente durante al menos 10 minutos antes de cortarlo para que no se rompa.

11

RECURSOS

En mis años de veganismo y viajes, he reunido un tesoro de recursos que me han ayudado en mi camino. He hecho todo lo posible para compartir estos conocimientos e información contigo en mi serie *REBEL VEGAN*. Para ayudarte a tener acceso rápido a esta información mientras viajas, he recopilado todos los recursos mencionados en esta guía en una compacta sección de recursos. Siéntete libre de consultar estas páginas cuando lo tengas que hacer en tu vida y en tus aventuras.

SITIOS WEB

Guarda estos sitios web en tu barra de favoritos antes de preparar tu próxima aventura/excursión/viaje de compras vegano. Estos recursos facilitarán considerablemente el proceso de planificación.

- **Salud basada en plantas en línea:** Los mejores médicos basados en plantas del Reino Unido que ofrecen consejos de salud y estilo de vida para superar enfermedades crónicas y ciertos tipos de cáncer. ***PlantBasedHealthOnline.com***
- **Profesionales de la salud que trabajan a base de plantas:** Estos recursos para pacientes y público son increíbles, con fichas informativas, resúmenes de noticias y seminarios web sobre dietas sanas basadas en plantas. ***PlantBasedHealthProfessionals.com/factsheets***
- **Vegan Fitness:** Esta comunidad con sede en el Reino Unido habla de todo lo relacionado con el veganismo y el buen estado físico. Sus foros cubren todos los aspectos de un estilo de vida vegano, con énfasis en el entrenamiento deportivo, la salud y el fitness. Aquí podrás encontrar respuesta a todas tus preguntas. ***veganfitness.net***
- **HappyCow:** Este sitio web es útil para encontrar restaurantes veganos en todo el mundo. Los usuarios pueden añadir o actualizar restaurantes, así como leer las opiniones de los clientes. Además, este sitio web también está disponible en forma de aplicación. ***HappyCow.net***
- **VegVisits:** El Airbnb para veganos. Reserva estancias y alojamientos únicos con gente local en más de 80 países. ***VegVisits.com***
- **Reuniones veganas, couchsurfing y viajes:** Una comunidad de Facebook con 7,000 miembros. Aquí se enumeran las reuniones veganas y las oportunidades abiertas de Couchsurfing. Los miembros también comentan experiencias y preguntas sobre viajes. Tienes que solicitar ser miembro de este grupo. ***facebook.com/groups/974772789309783***
- **Barnivore:** Un directorio de vinos, cervezas y licores que indica cuáles son aptos para veganos. ***barnivore.com***
- **Grupo de Facebook de viajes veganos:** El grupo cuenta actualmente con más de 35,000 miembros. En el contenido se habla de todo lo relacionado con el veganismo, y muchos miembros están más que encantados de responder a tus preguntas. ***facebook.com/groups/vegantravel***
- **Viajes veganos:** Comunidad vegana virtual con reseñas, entradas de blog, vídeos y mucho más para planificar tus viajes veganos. ***VeganTravel.com***
- **Foundation for Intentional Community (Fundación para una Comunidad Intencional):** ¿Quieres vivir con otros veganos? ¿Te interesa cultivar tus propios alimentos? ¿Qué tal una visita de fin de semana? Utiliza esta web para acceder a un directorio global de comunidades intencionales. La opción de búsqueda avanzada permite restringir la búsqueda a comunidades vegetarianas y/o veganas. ***ic.org***
- **Las etiquetas de los alimentos al descubierto:** Utiliza este sitio web creado por Un Mundo Más Verde para orientarte en el confuso mundo de las etiquetas alimentarias. ***aGreenerWorld.org/wp-content/uploads/2015/03/AGW-Food-Labels-Exposed-2017-EMAIL-SCREEN-8-31-2017.pdf***

- **Guía del consumidor de Bienestar Animal:** El Instituto de Bienestar Animal ha elaborado un listado de todas las etiquetas alimentarias y su significado, explicando cuáles son términos legales y cuáles se inventan las empresas alimentarias. *awiOnline.org/content/consumers-guide-food-labels-and-animal-welfare*
- **Calculadora vegana:** ¿Alguna vez has deseado poder medir el impacto que has tenido en tu viaje vegano o vegetariano? Ahora puedes hacerlo. Mide tu impacto en: *VeganCalculator.com*
- **Book Different:** Este sitio web califica los hoteles en función de su respeto por el medio ambiente. *BookDifferent.com*

APPS

Descárgate estas aplicaciones en tu teléfono cuanto antes. Estos recursos te ayudarán con casi todo: reservar una habitación de hotel, conseguir una deliciosa comida vegana, comunicarte en un idioma extranjero y mucho más.

- **Vegan Passport**: Se trata de una tarjeta digital de alimentos disponible en varios idiomas para ayudarte a explicar tus preferencias dietéticas. El pasaporte explica detalladamente qué ingredientes comen y no comen los veganos en 78 idiomas diferentes.
- **Google Translate**: Puedes decir o escribir palabras y frases para que se traduzcan a más de 100 idiomas. Incluso puedes apuntar con la cámara a un bloque de texto para que te lo traduzcan en tiempo real. Asegúrate de descargar el paquete de idiomas para el idioma específico que necesites, para poder utilizar la aplicación también sin conexión a Internet.
- **AirVegan**: Utiliza esta aplicación cuando vayas al aeropuerto. AirVegan muestra si un aeropuerto es apto para veganos. Enumera todos los lugares que ofrecen opciones veganas, e incluso te dice dónde se encuentran. Es posible que algunos de ustedes hayan encontrado esta aplicación cuando solo funcionaba en los aeropuertos de Estados Unidos. Buenas noticias: la aplicación se internacionalizó en el 2018.
- **Food Monster**: Esta aplicación pone a disposición del usuario una base de datos con más de 8,000 recetas veganas. Aunque no está relacionada con los viajes, puede ayudarte en ellos ofreciéndote comidas rápidas y económicas si seleccionas los filtros *"Menos de cinco ingredientes"* o *"Comidas rápidas"*.
- **VeganXpress**: Esta aplicación sólo funciona para viajes en Estados Unidos. Ofrece una lista de todos los menús veganos de 150 cadenas de restaurantes de Estados Unidos. La base de datos detalla todas las opciones veganas posibles. También incluye una guía de alimentos para supermercados, y otra guía para diversas bebidas alcohólicas.

- **V-Cards: Vegan Abroad:** Las V-cards, tarjetas veganas en este caso, son tarjetas de traducción que le ayudarán a pedir comida en el extranjero. Se trata de un concepto similar al de las tarjetas de comida que se ofrecen en el capítulo Hot Spots de esta guía, solo que ofrecen traducciones a más de 100 idiomas a petición.
- **Veganagogo**: Esta es otra aplicación de traducción - porque nunca hay demasiadas. Los usuarios eligen entre una lista de preguntas y frases pre-escritas, lo que la hace más fácil de usar que Google Translate en algunos casos.
- **Foodsaurus**: ¿Estás en el pasillo de la compra en un mercado extranjero y no sabes qué ingredientes pone en la caja de comida precocinada? Saca tu teléfono y escanea la lista de ingredientes con Foodsaurus, y la aplicación traducirá la etiqueta al idioma que elijas.
- **Veggly**: ¿No te imaginas salir con un omnívoro? ¿Buscas una pareja romántica que te haga responsable de tu viaje vegano? Echa un vistazo a Veggly, una aplicación de citas vegana disponible actualmente en 181 países.
- **Vegan Check**: Esta aplicación comprueba que los productos son totalmente veganos antes de comprarlos. También incluye servicios como estudios de tatuaje y salones de belleza.
- **Vegan Pocket**: Vegan Pocket escanea los códigos de barras para comprobar si el producto es vegano. Ya no tendrás que leer las confusas etiquetas de los alimentos. Basta con escanear y listo.
- **abillion | Impact made easy**: Esta app te permite buscar marcas y productos veganos cerca de ti, estés donde estés en todo el mundo. Después de encontrar un producto vegano en la aplicación, puedes incluso leer los comentarios de los clientes.

VOLUNTARIADO

¿Quieres colaborar? Utiliza estas páginas web para encontrar oportunidades de voluntariado en la comunidad vegana.

- **WWOOF**: Oportunidades de voluntariado en granjas ecológicas de todo el mundo. Normalmente, se ofrece alojamiento y comida a cambio. Debe crear una cuenta para cada país en el que desee buscar anfitriones, y se requiere una cuota de suscripción. ***wwoof.net***

- **WorkAway**: Oportunidades de voluntariado en todo el mundo en granjas ecológicas y no ecológicas, granjas familiares, comunidades, organizaciones no lucrativas y mucho más. A cambio, se suele ofrecer alojamiento y comida. A veces, los anfitriones ofrecen además un salario por hora. Se requiere una pequeña cuota de suscripción. ***WorkAway.info***

- **HelpX**: HelpX es el mismo concepto que WorkAway (arriba), pero sin la posibilidad de cobrar un salario por hora. Normalmente se ofrece alojamiento y comida, y se requiere una pequeña cuota de suscripción. ***helpx.net***

- **Voluntouring**: Este blog mantiene un listado actualizado de organizaciones que buscan voluntarios. El listado tiene una sección para las organizaciones que se adhieren estrictamente a los principios veganos. ***voluntouring.org***

- **Voluntariado internacional**: Grupo de Facebook que ofrece oportunidades de voluntariado internacional vegano. ***facebook.com/groups/217244375670902***

- **Grassroots Volunteering**: Base de datos de experiencias internacionales de trabajo voluntario comunitario. Busque en el sitio oportunidades centradas en los veganos o póngase en contacto con los anfitriones para saber si se puede acoger a veganos. ***GrassRootsVolunteering.org***

- **WorldPackers**: Experiencias y programas de voluntariado para viajeros en más de 100 países. ***WorldPackers.com***

TOURS VEGANOS

Estas agencias y guías turísticas veganas se encargarán de planificar tu aventura, dejándote a ti solo diversión y deliciosa comida vegana. Cada una de ellas cuenta con sitios web detallados en los que se enumeran todos sus servicios y destinos. Aunque no vayas a contratar los servicios de ninguna agencia, merece la pena echarles un vistazo para inspirarse y encontrar ideas.

P.D. Se trata de grupos turísticos que ofrecen oportunidades internacionales. Si ya tienes un destino en mente, haz una búsqueda rápida en Google de guías turísticos veganos allí. Seguro que encuentras aún más recursos!

- **Vegan Food Tours**: Excursiones veganas por Europa. ***VeganFoodTours.com***
- **Vegan Adventure Tours**: Especializados en viajes épicos por América Latina y microrrecorridos por el Reino Unido. ***VeganAdventureHolidays.com***
- **Intrepid Travel**: Una empresa internacional de viajes realiza varias giras veganas al año. ***IntrepidTravel.com/vegan-food-adventures***
- **The Nomadic Vegan**: Sitio web de operadores de viajes y cruceros veganos y respetuosos con el medio ambiente. ***TheNomadicVegan.com/vegan-tours***

FESTIVALES Y EVENTOS

Una forma estupenda de divertirse y sumergirse en la cultura vegana mientras se viaja es asistir a un festival o evento. A continuación, enumero una serie de recursos para encontrar eventos en varios destinos. Esta lista no es exhaustiva. Consúltala y sigue investigando para encontrar aún más cosas divertidas que añadir a tu calendario de viaje.

- **Directorio de festivales veganos**: ***vegan.com/blog/festivals***
- **VegEvents International**: ***VegEvents.com***
- **Listado internacional**: ***vegan.com/blog/festivals***
- **Listados de la Vegan Society International**: ***VeganSociety.com/whats-new/events***
- **Listados internacionales de HappyCow**: ***HappyCow.net/events***
- **Eventos veganos en el Reino Unido**: VeganEventsUK.co.uk
- **Eventos veganos en Estados Unidos**: AmericanVegan.org/vegfests
- **Australia Vegan Events**: VeganAustralia.org.au/events

PELÍCULAS

- Cowspiracy (Netflix)
- Seaspiracy (Netflix)
- Earthlings (Free stream on http://www.nationearth.com/)
- The Game Changers (Netflix)
- What The Health (YouTube)
- Forks Over Knives (YouTube)
- The End of Meat (YouTube)
- Meat Me Halfway (YouTube/ Amazon Prime)
- Eating Our Way to Extinction (Amazon Prime)
- The Invisible Vegan (Amazon Prime)
- The Animal People (Amazon Prime)
- A Prayer for Compassion (Amazon Prime)
- My Octopus Teacher (Netflix)
- Okja (Netflix)

Mi elección favorita: Babe / Babe: Pig in the City (Amazon or Netflix)

LIBROS

LECTURAS CLÁSICAS:

- **Dieta Vegetal: Tal como la han sancionado los médicos y la experiencia de todas las épocas (1838) de William A. Alcott**: ¡el primer libro del mundo que aboga por una dieta vegetariana! Ha sido reimpreso por The American Antiquarian Cookbook Collection y sigue imprimiéndose hoy en día.

- **Dieta para un planeta pequeño (1971), de Frances Moore Lappe**: Un libro pionero que sostiene que el hambre en el mundo está causada por la industria cárnica. Fue la primera vez que se demostró que la carne no era saludable y conducía a la pobreza mundial.

- **Liberación animal (1975), de Peter Singer**: Este libro está ampliamente considerado como la declaración filosófica fundacional de sus ideas dentro del movimiento de liberación animal. Singer afirmaba que la ganadería industrial es responsable de más dolor y miseria que todas las guerras de la historia juntas.

- **Main Street Vegan:** Todo lo que necesitas saber para comer sano y vivir con compasión en el mundo real (2012), de Victoria Moran: Victoria Moran, profesional de la salud holística, ofrece una guía completa para hacer este cambio dietético y de estilo de vida con un énfasis en los "pasos de bebé" prácticos, demostrando que no es necesario tener un chef personal o un entrenador de estilo de vida en marcación rápida para experimentar los beneficios físicos y espirituales de ser vegano.

- **El estudio de China: El estudio más exhaustivo sobre nutrición jamás realizado y sus sorprendentes implicaciones para la dieta, la pérdida de peso y la salud a largo plazo (2004), de T. Colin Cambell**: Esta novela conduce al lector a través de un estudio de veinte años en el que se analizaron las tasas de mortalidad por cáncer y otras enfermedades crónicas entre 1973 y 1975 en 65 condados de China. El Estudio de China examina la relación entre el consumo de productos animales (incluidos los lácteos) y enfermedades crónicas como las cardiopatías coronarias, la diabetes, el cáncer de mama, el cáncer de próstata y el cáncer de intestino.

LECTURAS MODERNAS:

- **Por qué amamos a los perros, comemos cerdos y vestimos vacas, de Melanie Joy**: La psicóloga social que acuñó la palabra y el sistema de creencias oculto del "carnismo". (Su canal de YouTube también es bueno).

- **Más allá de las creencias: Una guía para mejorar las relaciones y la comunicación de veganos, vegetarianos y carnívoros, de la doctora Melanie Joy**: Este libro es recomendable para cualquier persona que viva o tenga relaciones estrechas con no veganos.

- **Somos el tiempo: Salvar el planeta empieza en el desayuno, de Jonathon Safran Foer**: Este libro explica cómo la acción humana colectiva es la única forma de salvar el planeta y, como sugiere el título, esto empieza con lo que hay en nuestros platos.

- **Eating Animals by Jonathon Safran Foer**: En parte memorias, en parte reportaje de investigación. Este libro es un examen moral del vegetarianismo, la agricultura y los alimentos que comemos.

- **Robots sexuales y carne vegana: Aventuras en la frontera del nacimiento, la comida, el sexo y la muerte, de Jenny Kleeman**: Esta novela es una investigación sobre las fuerzas que impulsan la innovación en las áreas centrales de la experiencia humana.

- **A algunos los amamos, a otros los comemos, a otros los odiamos: Por qué es tan difícil pensar con claridad sobre los animales, de Hal Herzog**: Un científico del campo de la antro-zoología ofrece una controvertida exploración de la psicología que subyace a la forma en que pensamos, sentimos y nos comportamos con los animales.

LOS TIEMPOS SON TURBULENTOS Y, POR TANTO, DINÁMICOS. SIEMPRE HAY QUE COMPROBAR QUE LAS ORGANIZACIONES SIGUEN FUNCIONANDO.

12

ANEXOS

ANEXO 1: LISTAS PRÁCTICAS DE ALIMENTOS

AMINOÁCIDOS ESENCIALES Y FUENTES VEGETALES[1]

ESSENTIAL AMINO ACID	PLANT FOOD SOURCES
Isoleucina	Tofu, judías (frijoles) lupino, lentejas, avena, salvado de avena, trigo sarraceno, habas, garbanzos, acelgas, trigo integral, pistachos, espinacas, arroz salvaje, quinoa, semillas de girasol.
Leucina	Tofu, avena, alubias (frijoles) blancas, alubias adzuki, alubias blancas, trigo sarraceno, lentejas, judías mungo, habas, grano de teff, grano de kamut, semillas de calabaza, semillas de cáñamo.
Lisina	Tofu, judías edamame (soja), guisantes verdes, altramuces, judías blancas, judías adzuki, lentejas, brotes de lentejas, judías blancas, guisantes partidos, trigo sarraceno, avena, judías negras, judías mungo, quinoa, semillas de cáñamo.
Triptófano	Tofu, avena, trigo sarraceno, semillas de calabaza, algas, trigo integral, nueces, lentejas, judías mungo, garbanzos, semillas de sésamo, semillas de chía, semillas de girasol, quinoa, patatas, piñones, cacao.
Valina	Tofu, avena, trigo sarraceno, alubias blancas, altramuces, alubias blancas, salvado de avena, judías adzuki, lentejas, brotes de lentejas, alubias rojas, habas, judías negras, cacahuetes, semillas de lino, arroz integral, espinacas, anacardos.
Treonina	Tofu, altramuces, avena, trigo sarraceno, judías blancas, alubias blancas, lentejas, judías adzuki, guisantes partidos, maíz, garbanzos, brotes de soja, guisantes de ojo negro, habas, grano de teff, semillas de cáñamo, germen de trigo, semillas de calabaza, cacahuetes.
Histidina	Tofu, avena, trigo sarraceno, lentejas, judías blancas, alubias rojas, judías adzuki, judías mungo, brotes de guisantes, arroz salvaje, semillas de chía, almendras, semillas de girasol, trigo integral, cacahuetes.
Fenilalanina	Tofu, judías edamame (soja), avena, alubias blancas, altramuces, judías pintas, trigo sarraceno, lentejas, brotes de lentejas, judías mungo, harina de maíz, semillas de cáñamo, cacahuetes, quinoa, mijo, semillas de girasol, almendras.
Metionina	Tofu, avena, salvado de avena, nueces de Brasil, grano de teff, germen de trigo, maíz, trigo sarraceno, semillas de cáñamo, judías blancas, alubias, semillas de sésamo, lentejas, guisantes verdes, boniatos, mijo.

MACRONUTRIENTES ESENCIALES Y FUENTES VEGETALES

PROTEÍNA VEGETAL	CARBOHIDRATOS COMPLEJOS	GRASAS SALUDABLES
Lentejas (marrones, rojas, amarillas, verdes) Garbanzos Alubias (frijoles) negras Alubias negras Alubias rojas Alubias cannellini Alubias blancas Alubias blancas Guisantes partidos Guisantes rojos Judías verdes Alubias de Lima Alubias pintas Alubias blancas Habas Alubias mungo Alubias adzuki Cacahuetes Semillas de cáñamo Semillas de chía Quinoa* Trigo sarraceno* Amaranto* Soja/tofu/tempeh Pasta y fideos elaborados con alubias o lentejas	Vegetales de raíz (boniatos (camotes), zanahorias, apionabos, chirivías, remolachas, nabos, patatas (papas), ñame, calabaza, calabacín) Cereales integrales (amaranto*, cebada, trigo sarraceno*, arroz, trigo bulgur, maíz, polenta, kamut, mijo, avena, quinoa*, centeno, sorgo, espelta, teff, triticale, cuscús) Pasta y fideos elaborados con cereales integrales (trigo, espelta, trigo), así como arroz integral y trigo sarraceno Pan de masa madre o pan orgánico elaborado con cereales integrales Galletas de avena Frutas (especialmente las que tienen semillas comestibles, como bayas, manzanas, sandía, papaya, kiwi)	Aceite de oliva Aceite de coco Aceite de aguacate Aceite de nuez Aceite de sésamo Aceite de linaza Almendras Avellanas Nueces de Brasil Anacardos Nueces pecanas Nueces de Macadamia Piñones Pistachos Cacahuetes Semillas de calabaza Semillas de girasol Semillas de cáñamo Semillas de chía Semillas de sésamo Coco (fresco, seco o leche de coco) Aguacate Omega-3: Algas marinas (ensalada de mar, kombu, wakame, nori, espirulina) Semillas de chía Semillas de cáñamo Nueces Semillas de lino

* El amaranto, el trigo sarraceno y la quinoa son pseudocereales: se aprovechan como granos en la cocina, pero en realidad son semillas. Por eso son excelentes fuentes de proteínas y carbohidratos complejos.

MICRONUTRIENTES ESENCIALES Y FUENTES VEGETALES[2]

VITAMINA A

- Ayuda a los ojos y previene la degeneración macular asociada a la edad.
- Ayuda al organismo a producir anticuerpos que neutralizan o combaten los agentes patógenos.
- Se necesita para producir nuevos glóbulos rojos.

FUENTES PRINCIPALES: Boniatos (camotes), zanahorias, espinacas, col rizada, calabaza, acelga, berza, calabaza, lechuga romana, melón cantalupo, pimientos, perejil, brócoli, papaya, toronja rosa, cebollino, albaricoques, mandarina, melocotones, cerezas ácidas, plátano macho.

VITAMINA B1 (TIAMINA)

- Ayuda al organismo a convertir la grasa, los azúcares y las proteínas de los alimentos en energía utilizable.
- Tiene un papel en la estructura y función de las células cerebrales.

FUENTES PRINCIPALES: Semillas de girasol, semillas de sésamo, cacahuetes, alubias negras, guisantes, lentejas, col, alubias blancas, alubias rojas, tofu, linaza, boniato, coles de Bruselas, extracto de levadura, espirulina, perejil, arroz, salvado de avena, harina de maíz, avena, cebada, kamut

VITAMINA B2 (RIBOFLAVINA)

- Como todas las vitaminas del grupo B, ayuda al organismo a convertir los alimentos en energía utilizable.
- Ayuda a reciclar el glutatión (potente antioxidante propio del organismo).
- Ayuda a prevenir la anemia.

FUENTES PRINCIPALES: Espinacas, hojas de remolacha (betabel), champiñones, pimientos dulces, rábano, extracto de levadura, perejil, cebollino, lichis, maíz, salvado de trigo, soja, tempeh, almendras, semillas de sésamo, extracto de levadura (como Marmite), espirulina.

VITAMINA B3 (NIACINA)

- Esencial para la producción de energía.
- Protege contra los radicales libres.

FUENTES PRINCIPALES: Champiñones (hongos), guisantes verdes (chícharos), patatas (papas), maíz, espárragos, boniato (camote), pimientos picantes, tomates, cacahuetes (maníes), arroz integral, semillas de girasol, semillas de sésamo, salvado de trigo, trigo sarraceno, espelta, arroz integral, extracto de levadura.

VITAMINA B5 (ÁCIDO PANTOTÉNICO)

- Importante para la producción de energía, especialmente a partir de las grasas.
- Ayuda a producir hormonas antiestrés y vitamina D.
- Mantiene la piel y el cabello sanos.

FUENTES PRINCIPALES: Hongos shiitake, hongos portobello, cebollas, aguacate, batata (camote), patatas (papas), brócoli, coliflor, papaya, calabaza, tomates, escarola, albaricoques secos, lentejas, guisantes, centeno, arroz, salvado de avena, salvado de trigo, amaranto, trigo sarraceno, espelta, trigo, teff, semillas de girasol, semillas de sésamo, espirulina.

VITAMINA B6 (PIRIDOXINA)

- Ayuda al organismo a producir glóbulos rojos.
- Descompone los carbohidratos para producir energía.
- Necesaria para la producción de neurotransmisores clave.
- Ayuda al hígado a eliminar toxinas.

FUENTES PRINCIPALES: Col, bok choi, boniato (camote), patatas (papas), espinacas, coliflor, pimientos, brécol, calabaza, plátanos, cebollino, chalotas, ciruelas pasas, albaricoques, ajo, pistachos, semillas de girasol, semillas de sésamo, salvado de trigo, arroz, maíz amarillo, amaranto, trigo sarraceno, extracto de levadura.

VITAMINA B12 (COBALAMINA)

- Mantiene sano el sistema cardiovascular ayudando a la sangre a transportar oxígeno a todas las células.
- Previene la acumulación de homocisteína (un marcador inflamatorio relacionado con las enfermedades cardiovasculares).
- Esencial para la producción de ADN.
- Mantiene sanas las células cerebrales y el sistema nervioso.

FUENTES PRINCIPALES: Se encuentran pequeñas cantidades en algunas setas y alimentos fermentados (kimchi, chucrut, miso, kombucha); no obstante, se recomienda un suplemento de B12 de buena calidad.

ÁCIDO FÓLICO (FOLATO)

- Contribuye al buen funcionamiento del cerebro y del sistema nervioso.
- Reduce los niveles de homocisteína y protege el sistema cardiovascular.
- Esencial para el desarrollo del feto durante el embarazo.
- Ayuda a formar glóbulos rojos.

FUENTES PRINCIPALES: Espárragos, espinacas, puerros, judías edamame, rábanos, pimientos dulces, perejil, aguacate, alubias (frijoles) negras, alubias rojas, germen de trigo, harinas de trigo enriquecidas, maíz, arroz, quinoa, arroz integral, mijo, lentejas, judías pintas, garbanzos, extracto de levadura, alga agar agar, semillas de girasol, semillas de sésamo, avellanas, castañas.

VITAMINA C

- Potente antioxidante: protege el organismo contra los radicales libres.
- Se necesita para la producción de colágeno y la salud de la piel.
- Necesaria para producir serotonina (nuestro neurotransmisor del estado de ánimo).
- Favorece un sistema inmunitario fuerte y ayuda a combatir las infecciones.

FUENTES PRINCIPALES: Papaya, pimientos, brócoli, fresas, piña, naranjas, kiwis, melón, coliflor, perejil, col rizada, apio, coles de Bruselas, cebollino, hojas de mostaza, col morada, lichis, grosellas rojas, limones, pomelos, melocotones, papaya, fresas, piña, manzanas, clementinas, castañas, tomillo, eneldo.

VITAMINA D

- Ayuda al organismo a absorber el calcio para mantener fuertes los huesos y los dientes.
- Interviene en el control del azúcar en sangre (su deficiencia puede ser un factor en la diabetes).
- Ayuda a los glóbulos blancos a madurar y funcionar.

FUENTES PRINCIPALES: Hongos shiitake, cereales fortificados para el desayuno, leches vegetales, yogures vegetales y harinas enriquecidas; no obstante, se recomienda un suplemento vegano de vitamina D de buena calidad.

VITAMINA E

- Potente antioxidante - protege las membranas celulares contra la oxidación de los radicales libres.
- Reduce los niveles del colesterol malo (LDL).
- Mantiene la piel flexible.

FUENTES PRINCIPALES: Espinacas, acelgas, aguacate, cacahuetes, hojas de nabo, espárragos, pimientos dulces, brócoli, cilantro fresco, albaricoques, aceitunas, arroz integral, quinoa, centeno, salvado de avena, trigo integral, algas agar agar, semillas de girasol, almendras, avellanas

VITAMINA K

- Se necesita para la coagulación normal de la sangre.
- Ayuda a mantener los huesos fuertes.

FUENTES PRINCIPALES: Col rizada, espinacas, berza, acelgas, perejil, brócoli, coles de Bruselas, achicoria, ciruelas pasas, ruibarbo, aguacate, peras, piñones, semillas de calabaza, anacardos, soja, miso, natto (soja fermentada), guisantes partidos, judías, trigo sarraceno y centeno.

CALCIO

- Favorece la salud de huesos y dientes.
- Fundamental para el equilibrio ácido-alcalino del organismo.
- Regula las señales nerviosas.

FUENTES PRINCIPALES: Hojas de berza, espinacas, cebollino, rábanos, puerros, col rizada, ajo, ruibarbo, higos, tofu, semillas de sésamo, semillas de chía, almendras, semillas de lino, algarroba en polvo, leches vegetales y productos de tofu enriquecidos con calcio.

CROMO

- Mantiene equilibrados los niveles de azúcar en sangre.
- Normaliza el hambre, reduce los antojos.

FUENTES PRINCIPALES: Brócoli, judías verdes (ejotes), tomates, lechuga romana, manzanas, uvas, trigo integral, cebada, avena, levadura de cerveza.

HIERRO
- Ayuda a llevar oxígeno a todos los tejidos y músculos.
- Favorece el metabolismo energético de las células.

FUENTES PRINCIPALES: Espinacas, aceitunas, acelgas, semillas de sésamo, semillas de calabaza, semillas de girasol, anacardos, garbanzos, alubias, cacahuetes, soja, lentejas, salvado de arroz, salvado de trigo, amaranto, maíz, centeno, salvado de avena, perejil, cebollino, espirulina, alga agar agar.

MAGNESIO
- Mantiene fuertes los huesos y los dientes.
- Se necesita para producir energía.
- Ayuda a relajar los músculos.
- Ayuda al sistema nervioso.
- Reduce la inflamación.

FUENTES PRINCIPALES: Espinacas, acelgas, plátanos, higos, ciruelas pasas, albaricoques, sandía (con semillas), soja, alubias negras, quinoa, arroz, arroz integral, trigo, trigo sarraceno, amaranto, salvado de avena, teff, alga agar agar, espirulina, extracto de levadura, semillas de calabaza, semillas de lino, nueces de Brasil, semillas de girasol, semillas de sésamo, almendras, anacardos.

MANGANESO
- Importante para mantener sanos huesos, cartílagos, tejidos y nervios.
- Tiene un papel en el funcionamiento normal del cerebro.
- Ayuda a equilibrar el azúcar en sangre.
- Esencial para la producción de insulina.

FUENTES PRINCIPALES: Apio, hierba limón, puerros, frambuesas, quimbombó (okra), habas, uvas, remolacha (betabel), ajo, pimientos, piña, arándanos, arroz, trigo, teff, centeno, avena, alga agar agar, avellanas, piñones, pacanas, nueces de macadamia, castañas, semillas de calabaza, cacahuetes y soja.

POTASIO
- Mantiene el buen funcionamiento de músculos y nervios.
- Favorece el funcionamiento del corazón y los riñones.
- Mantiene equilibrada la presión arterial.

FUENTES PRINCIPALES: Boniato (camotes), patatas (papas), tomate, remolacha, plátano, calabaza butternut, perejil, pimientos dulces, cebollino, albaricoques, plátanos, melocotones, lichis, ciruelas pasas, pasas, dátiles medjool, higos, peras, aguacate, plátano macho, pomelo (toronja), manzanas, palmitos, cebollas, hongos shiitake, arroz, trigo, centeno, trigo sarraceno, salvado de avena, quinoa, amaranto, cebada, judías (frijoles) negras, soja, extracto de levadura, espirulina, alga agar agar, castañas, semillas de calabaza, semillas de girasol, semillas de lino, almendras, avellanas, nueces de Brasil, anacardos, piñones, pistachos.

SELENIO
- Se necesita para la producción de glutatión, el potente antioxidante propio del organismo.
- Favorece la función tiroidea normal.

FUENTES PRINCIPALES: Se encuentra en la mayoría de los alimentos vegetales, pero especialmente en las nueces de Brasil, las semillas de sésamo, el trigo, los hongos shiitake y la soja.

ZINC
- Ayuda al sistema inmunitario a combatir las infecciones.
- Mantiene la piel sana y combate el acné.
- Se necesita para el sentido del gusto y del olfato.
- Importante para la salud reproductiva masculina.

FUENTES PRINCIPALES: Semillas de sésamo, semillas de calabaza, lentejas, garbanzos, anacardos, quinoa, avena, salvado de trigo, arroz integral, hongos shiitake, alga agar agar, semillas de sandía, soja, cacahuetes.

FITONUTRIENTES Y ANTIOXIDANTES
- Neutralizan los radicales libres.
- Retrasan el proceso de envejecimiento.
- Protegen el ADN.
- Reducen el riesgo de enfermedad.

FUENTES PRINCIPALES: Frutas y verduras de colores vivos, Hierbas aromáticas: romero, cilantro, orégano, perejil, menta, tomillo, Especias: jengibre, ajo, cúrcuma, canela, comino.

ANEXO 2:

ALIMENTOS BENEFICIOSOS PARA EL INTESTINO Y FORMAS DE AÑADIRLOS A TU DIETA

KOMBUCHA (TÉ FERMENTADO):

Este es probablemente el probiótico más fácil de añadir a tu dieta. Basta con beber uno o dos vasos al día. Cuando compres kombucha, revisa la etiqueta para asegurarte de que está cruda, no pasteurizada y no contiene aditivos artificiales ni endulzantes añadidos.

CHUCRUT (SAUERKRAUT) (COL FERMENTADA):

Puedes prepararlo en casa o encontrarlo en tiendas naturistas. Asegúrate de que esté crudo y sin pasteurizar, de lo contrario no contendrá bacterias beneficiosas. El chucrut es estupendo sobre una ensalada, añadido a un wrap de hummus o apilado sobre un pastel de arroz o una galleta de avena con aguacate machacado.

KIMCHI (COL FERMENTADA CON JENGIBRE, AJO Y CHILE):

Como el chucrut, pero con un toque asiático y mucho picante. Complementa platos salteados, se puede disfrutar añadido a las ensaladas, o añadido a sus envolturas y sándwiches.

KÉFIR DE COCO (ALTERNATIVA A LA LECHE FERMENTADA SIN LÁCTEOS ELABORADA CON GRANOS DE KÉFIR):

Encontrarás kéfir de coco en las tiendas de alimentos naturales. Añádelo a batidos, viértelo sobre granola o fruta, o bébelo solo.

MISO (PASTA DE ARROZ FERMENTADO):

Prueba el miso blanco en aderezos y marinadas. Tiene un sabor suave y sabroso que saca a los ingredientes de lo insípido y los coloca decididamente en lo sabroso. También puedes aprovechar la pasta de miso para preparar fideos asiáticos. El miso oscuro tiene un sabor salado más pronunciado: ¡un poco rinde mucho!

TEMPEH O NATO (SOJA FERMENTADA):

El tempeh está deliciosamente marinado en salsa de soja, jengibre y ajo, y frito en un poco de aceite de coco. También se puede cortar en trozos y añadirlo a guisos y currys para obtener más proteínas. Tiene un sabor sutil, ligeramente a nuez. El nato tiene un sabor muy fuerte y no es apto para los temerosos.

ENCURTIDOS (VERDURAS LACTOFERMENTADAS):

Crujientes, picantes y ácidas, las verduras en escabeche son estupendas como acompañamiento de cualquier comida, o añadidas a wraps y ensaladas.

ANEXOIDEAS DE COMIDAS PARA EMPEZAR

DESAYUNOS A BASE DE PLANTAS

Pudin de chía hecho con leche de almendras y cubierto con frutas rojas	Alto contenido en fibra, proteínas y grasas saludables (semillas de chía) Alto contenido en antioxidantes (bayas) BONO ADICIONAL: se puede hacer en varios lotes para un desayuno rápido y fácil.
Granola casera de trigo sarraceno con yogur de coco y fruta	Alto contenido en fibra y proteínas (trigo sarraceno) Buena fuente de grasas saludables (coco) Buena fuente de antioxidantes (fruta) BONO ADICIONAL: se puede hacer en varios lotes para un desayuno rápido y fácil.
Revuelto de tofu, champiñones fritos, tomates asados, alubias (frijoles) caseras al horno	Alto contenido en proteínas y fibra (tofu, judías) Buena fuente de vitaminas y antioxidantes (champiñones, tomates)
Dos rebanadas de pan de masa madre con semillas, mantequilla de cacahuete y plátano	Buena fuente de carbohidratos complejos (pan de semillas, plátano) Proteína completa procedente de la combinación de semillas y legumbres (semillas y mantequilla de cacahuete) Fuente de grasas saludables (mantequilla de cacahuete)
Avena de un día para otro con manzanas estofadas y mantequilla de almendras	Carbohidratos complejos y fibra (avena) Buena fuente de antioxidantes y fibra (manzanas) Grasas saludables, fibra y proteínas (mantequilla de almendras) BONO ADICIONAL: puedes preparar suficiente cantidad para 2 o 3 desayunos con antelación.
Batido de superalimentos con espinacas, plátano, manzana, avena, semillas de cáñamo y leche vegetal	Alto contenido en fibra (avena, espinacas, semillas de cáñamo) Carbohidratos complejos (avena, plátano) Grasas saludables y proteínas (semillas de cáñamo) BONO ADICIONAL: puedes darles rienda suelta a tus batidos - prueba con col rizada, bayas, avena, frutas tropicales, leche de coco, cacao, mantequilla de cacahuete/almendra... las posibilidades son infinitas.

COMIDAS/CENAS A BASE DE PLANTAS

Tazón Buda: arroz negro, aguacate, garbanzos, brócoli al vapor, remolacha (betabel) rallada, aderezo de tahini	Grasas saludables (aguacate, tahini) Antioxidantes (remolacha (betabel), brócoli) Proteínas (garbanzos) Fibra (todos los ingredientes)
Tazón Buda: quinoa, zanahoria rallada, trocitos de apio, col rizada triturada, hummus de remolacha (betabel) y semillas tostadas	Grasas saludables (semillas) Antioxidantes (zanahoria, col rizada, apio) Proteínas (hummus, quinoa, semillas) Fibra (todos los ingredientes) BONO ADICIONAL: no hay nada más fácil que una comida en un tazón estilo Buda. Simplemente elige las verduras que tengas en el refrigerador.
Verduras salteadas (guisantes mollares dulces, champiñones, brócoli con tallos tiernos, puerros) con fideos de trigo sarraceno y salsa tamari de cacahuetes	Antioxidantes (brócoli, puerros...) Carbohidratos complejos (fideos) Proteínas completas (combinación de trigo sarraceno y cacahuetes) Grasas saludables (cacahuetes) Fibra (todos los ingredientes)

Tabulé de chirivía (arroz de chirivía con pepino picado, apio, menta, jugo de limón y semillas de girasol)	Antioxidantes (pepino, apio, menta) Grasas saludables (semillas de girasol) Carbohidratos complejos (chirivías) Fibra (todos los ingredientes)
Tempeh marinado en tamari y jengibre con espinacas y arroz negro con coco	Proteínas y alimentos fermentados (tempeh) Carbohidratos complejos (arroz negro) Antioxidantes (jengibre, espinacas) Grasas saludables (coco) Fibra (todos los ingredientes)
Dhal de lentejas y coco con trigo sarraceno	Proteínas (lentejas, trigo sarraceno) Carbohidratos complejos (trigo sarraceno) Antioxidantes (especias, jengibre, ajo, cebolla) Fibra (todos los ingredientes)
Estofado de judías y verduras con polenta o pasta integral	Proteínas (judías/frijoles) Antioxidantes (cebollas, ajo, verduras) Carbohidratos complejos (polenta o pasta integral) Grasas saludables (aceite de oliva) Fibra (todos los ingredientes)
Ensalada de tubérculos asados (remolacha, boniato, chirivía.) y quinoa con aderezo de limón	Carbohidratos complejos (tubérculos) Antioxidantes (boniato (camote), remolacha (betabel)) Proteínas (quinoa) Grasa saludable (aderezo de aceite de oliva) Fibra (tubérculos, quinoa)

TENTEMPIÉS A BASE DE PLANTAS

Galleta de avena, pasas y semillas de calabaza	Carbohidratos complejos (avena, pasas) Grasas saludables y proteínas (semillas) Fibra (todos los ingredientes)
Galleta de coco, avena y jengibre	Carbohidratos complejos (avena) Grasas saludables (coco) Antioxidantes (jengibre) Fibra (todos los ingredientes)
Bola energética - coco y mango; avena, cacahuete y cacao; almendra y dátiles...	Carbohidratos complejos (avena, dátiles) Grasas y proteínas saludables (frutos secos, semillas) Antioxidantes (cacao) Fibra (avena, dátiles, semillas) BONO ADICIONAL: añade una cucharada de proteína vegana en polvo o superalimentos en polvo como la maca para obtener más beneficios.
Galletas de avena con mantequilla de cacahuete	Carbohidratos complejos (avena) Grasas saludables (mantequilla de cacahuete) Proteínas completas (combinación de cereales y legumbres) Fibra (avena, mantequilla de cacahuete)
Granola casera de trigo sarraceno y cúrcuma con leche vegetal	Grasas saludables (aceite de coco, semillas) Carbohidratos complejos (avena) Proteínas (trigo sarraceno) Antioxidantes (cúrcuma) Fibra (avena, trigo sarraceno)
Chocolate amargo (oscuro)	Antioxidantes y grasas saludables (cacao)

RECONOCIMIENTOS

Este segundo libro de mi serie *LA VIDA DE UN REBEL VEGAN* ha sido otro trabajo de amor. Y para dar vida a un libro hace falta una pequeña aldea, y estoy muy agradecido a mi equipo de rebeldes por ayudarme en su nacimiento.

En primer lugar, estoy en deuda con mi editor, Gareth Clegg, cuya creatividad y paciencia me mantuvieron siempre enfocado. Afinó cada aspecto de este libro e incluso encontró tiempo para diseñar la maqueta. Gracias por creer en este libro y en mí desde el principio.

Un agradecimiento especial a Dinorah Peña-Durán en México, mi brillante traductora de esta edición, con quien fue un placer trabajar y ayudó a abrir estos libros a un público totalmente nuevo, difundiendo los valores de REBEL VEGAN al mundo hispanohablante.

Fue un honor y una gran emoción tener a una de mis heroínas, Victoria Moran, escribiendo un prólogo especial para *LA VIDA DE UN REBEL VEGAN*. Ha sido una gran influencia en mi vida y en este libro. Le estoy eternamente agradecido por su generoso apoyo y respaldo a mi trabajo.

Para escribir este libro he contado con la ayuda de muchos especialistas que me han ayudado a investigar e interpretar algunas de mis investigaciones médicas y científicas. Un agradecimiento especial a mi nutricionista Mel por explicarme pacientemente todas las implicaciones para la salud y convertirse en una amiga durante el proceso. También estoy agradecido por la generosa guía, consejo y ánimo de la Dra. Laura Freeman de Plant-Based Health Online.

Estoy increíblemente agradecido a mi talentoso equipo de diseño: Marco, por diseñar mi logotipo, Weiyena Wei por dar vida al concepto de la portada de mi libro, y mi querida vecina, Cathy, por sus impactantes ilustraciones que dan a mi texto fuerza y belleza adicionales.

Lara Schirkhorschidi me ayudó a desarrollar mis recetas y a elevarlas a la categoría de arte culinario. Nos divertimos mucho probando sabores, y ahora quiero nuestro propio programa de cocina.

Mi vida va sobre ruedas la mayoría de los días, gracias a mi ayudante Joshua. Muchas gracias por tu paciencia y por ser mi representante en la Tierra.

Investigar y escribir puede ser un proceso solitario. Pero mi familia y mis amigos de todo el mundo me dieron fuerzas y me ayudaron. Incluso mis primeros amigos de la infancia en Canadá estuvieron a mi lado. Un agradecimiento especial a Kathy, que me dio fantásticos consejos sobre mi portada y mi marca. Charlie Brown siempre me dio la mejor inspiración e ideas. Jason siempre me mantuvo positivo e hidratado. A mis preciosas hermanas, Karen, Debbie y Laura, que fueron las primeras en creer en mí.

A Emma, que fue mi roca y me llevó de la mano durante todo el proceso, no puedo agradecértelo lo suficiente. Sin estos cimientos, todas las páginas de este libro estarían en blanco.

Y por último, gracias a todos mis compañeros rebeldes, que luchan por la compasión y la verdad.

SOBRE EL AUTOR

TODD SINCLAIR es el autor de la serie
LA VIDA DE UN REBEL VEGAN.

Todd es un apasionado experto en viajes, activista, escritor y orador a favor de la causa vegana. Actualmente vive su mejor vida como un REBEL VEGAN en Londres.

Su primer libro—*La vida de un Rebel Vegan: Por qué el Veganismo es importante*—ganó el premio al mejor libro de 2022 en los Vegan Choice Awards. VegfestUK nombró a Todd el mejor autor vegano del 2023.

Si no está escribiendo en su ciudad favorita, puedes encontrarlo explorando el mundo: perfeccionando su arte culinario en el sudeste asiático, haciendo senderismo por volcanes o buceando, todo ello mientras promueve la vida basada en plantas y pone el veganismo en el mapa.

Más información sobre REBEL VEGAN en el sitio web
RebelVeganLife.com

O en las redes sociales.

facebook.com/RebelVeganLife

instagram.com/RebelVeganLife

twitter.com/RebelVeganLife

OBRAS DE TODD SINCLAIR

***LA VIDA DE UN REBEL VEGAN*:**
POR QUÉ ES IMPORTANTE EL VEGANISMO

***LA VIDA DE UN REBEL VEGAN*:**
NUTRICIÓN A BASE DE PLANTAS Y GUÍA PARA PRINCIPIANTES

***LA VIDA DE UN REBEL VEGAN*:**
VEGANISMO EN EL CAMINO

NOTAS DE REFERENCIA

INTRODUCCIÓN

1 https://www.azquotes.com/quotes/topics/truth.html
2 https://www.peta.org.uk/issues/animals-not-eat/meat-health/
3 www.vegansociety.com
1 https://freefromharm.org/animal-farmer-turned-vegan/howard-lyman-former-beef-and-dairy-farmer/ and https://www.youtube.com/watch?v=94QaCbytLEY

01 - UNA REVOLUCIÓN COMPASIVA

1 https://www.azquotes.com/quote/907397
2 https://quotlr.com/author/john-eliot
3 www.cowspiracy.com/facts
4 https://www.cowspiracy.com/facts
5 https://www.nationalgeographic.com/animals/article/animals-science-medical-pain
6 https://en.wikipedia.org/wiki/Western_pattern_diet
7 https://mercyforanimals.org/blog/pigs-are-intelligent-and-sensitive-so-why/
8 [Sources: Joy, Melanie (2011) [2009]. Why We Love Dogs, Eat Pigs, and Wear Cows: An Introduction to Carnism. Conari Press, p. 9. ISBN 1573245054. Andhttps://en.wikipedia.org/wiki/Carnism]
9 https://indianexpress.com/article/lifestyle/life-style/go-vegetarian-save-wildlife-planet-sir-david-attenborough-7148660/
10 www.livekindly.co/inconvenient-sequel-overlooks-truth
11 www.washingtonpost.com/climate-environment/2021/08/29/how-climate-change-helped-make-hurricane-ida-one-louisianas-worst/
12 https://apnews.com/article/fires-environment-and-nature-california-wildfires-a7df1b3939dfaa5114fb47d78cfea57f
13 www.siwi.org/facts-and-statistics/6-food-and-agriculture-and-bioenergy
14 https://www.undispatch.com/bad-news-world-will-begin-running-water-2050-good-news-not-2050-yet/
15 www.animalmatters.org
16 https://www.sailorsforthesea.org/programs/ocean-watch/ocean-dead-zones
17 https://seashepherd.org/2015/09/29/if-the-ocean-dies-we-all-die/
18 https://nutritionstudies.org
19 https://www.pcrm.org/good-nutrition/nutrition-information/health-concerns-about-dairy
20 https://www.goodreads.com/quotes/162579-i-choose-not-to-make-a-graveyard-of-my-body
21 http://apps.who.int/iris/bitstream/handle/10665/112642/9789241564748_eng.pdf
22 https://www.pewtrusts.org/en/research-and-analysis/articles/2020/01/16/antibiotic-sales-for-animal-agriculture-increase-again-after-a-two-year-decline
23 https://assets.publishing.service.gov.uk/government/uploads/system/uploads/attachment_data/file/773065/uk-20-year-vision-for-antimicrobial-resistance.pdf
24 https://www.goodreads.com/author/quotes/149151.Francis_of_Assisi
25 https://kidadl.com/articles/best-justice-quotes-to-fight-for-equality
26 https://foodprint.org/issues/what-happens-to-animal-waste/ and US Environmental Protection Agency. "Basic Information about Nonpoint Source (NPS) Pollution. EPA, (n.d.). Retrieved May 31, 2018 from https://www.epa.gov/nps/basic-information-about-nonpoint-source-nps-pollution
27 https://theecologist.org/2020/may/05/vegan-diet-can-stop-future-pandemics
28 www.cdc.gov/onehealth/basics/zoonotic-diseases.html
29 https://www.cowspiracy.com/facts

02 - VEGANOMETRÍA

1 https://www.heromovement.net/blog/vegan-quotes/
2 https://www.heromovement.net/blog/vegan-quotes/
3 https://www.health.harvard.edu/staying-healthy/cutting-red-meat-for-a-longer-life
4 The Standard American Diet (SAD), also known as the standard Western diet, is a pattern of eating is generally characterized by high intakes of meat, dairy products, eggs, fried foods, refined grains, and refined sugars, with low intakes of vegetables, fruits, whole grains, legumes, nuts and seeds.
5 https://pubmed.ncbi.nlm.nih.gov/29634829/ andhttps://www.hvst.com/posts/the-leading-cause-of-both-death-and-disability-in-the-u-s-is-the-american-diet-oNRTZkgk
6 http://www.dresselstyn.com/site/
7 https://www.google.com/search?q=tobacco+advert+for+pregnant+women&tbm=isch
8 https://www.thelancet.com/journals/lancet/article/PIIS0140-6736(12)62089-3/fulltext
9 https://www.who.int/news-room/q-a-detail/cancer-carcinogenicity-of-the-consumption-of-red-meat-and-processed-meat
10 https://www.dietaryguidelines.gov/sites/default/files/2020-12/Dietary_Guidelines_for_Americans_2020-2025.pdf
https://health.gov/our-work/food-nutrition/previous-dietary-guidelines/2015;https://health.gov/our-work/food-nutrition/previous-dietary-guidelines/2010 andhttps://health.gov/our-work/food-nutrition/previous-dietary-guidelines/2005
11 https://www.heromovement.net/blog/vegan-quotes/
12 https://www.vox.com/science-and-health/2017/6/19/15819808/obesity-global-epidemic
13 https://www.ncbi.nlm.nih.gov/pmc/articles/PMC2121650/
14 https://www.jwatch.org/na52921/2020/12/23/red-meat-and-cardiovascular-risk-revisited
15 https://www.ahajournals.org/doi/10.1161/01.ATV.0000038493.65177.94
16 https://jamanetwork.com/journals/jama/fullarticle/200732
17 Sex Robots & Vegan Meat: Adventures at the Frontier of Birth, Food, Sex and Death - by Jenny Kleeman
18 https://epi.grants.cancer.gov/diet/foodsources/top-food-sources-report-02212020.pdf
19 https://academic.oup.com/ije/article-abstract/49/5/1526/5743492
20 https://www.eurekalert.org/pub_releases/2019-10/aoa-mcr101819.php
21 https://pubmed.ncbi.nlm.nih.gov/22882905/
22 https://www.fda.gov/media/136671/download
23 https://www.who.int/health-topics/cardiovascular-diseases#tab=tab_1
24 https://pubmed.ncbi.nlm.nih.gov/29496410/
25 https://www.who.int/health-topics/cancer#tab=tab_1
26 https://acsjournals.onlinelibrary.wiley.com/doi/full/10.3322/caac.21440
27 https://www.ncbi.nlm.nih.gov/pmc/articles/PMC3048091/
28 https://www.who.int/news-room/facts-in-pictures/detail/6-facts-on-obesity
29 https://www.who.int/health-topics/obesity#tab=tab_1
30 https://pubmed.ncbi.nlm.nih.gov/32922235/
31 https://www.who.int/health-topics/diabetes#tab=tab_1
32 https://pubmed.ncbi.nlm.nih.gov/29948369/
33 https://www.who.int/news-room/fact-sheets/detail/dementia
34 https://pubmed.ncbi.nlm.nih.gov/34214643/
35 https://www.ncbi.nlm.nih.gov/pmc/articles/PMC6846186/
36 https://www.worldometers.info/coronavirus/coronavirus-death-toll/
37 https://nutrition.bmj.com/content/4/1/257
38 https://www.goodreads.com/author/quotes/35040.Neal_D_Barnard
39 https://www.heromovement.net/blog/vegan-quotes/
40 https://www.thediabetescouncil.com/45-alarming-statistics-on-americans-sugar-consumption-and-the-effects-of-sugar-on-americans-health/
41 https://www.dietaryguidelines.gov/sites/default/files/2020-12/Dietary_Guidelines_for_Americans_2020-2025.pdf#page=31
42 https://www.nhs.uk/live-well/eat-well/how-does-sugar-in-our-diet-affect-our-health/
43 https://www.ncbi.nlm.nih.gov/pmc/articles/PMC4244242/
44 https://www.ncbi.nlm.nih.gov/pmc/articles/PMC3614697/
45 https://bmjopen.bmj.com/content/6/3/e009892
46 https://www.ncbi.nlm.nih.gov/pmc/articles/PMC5938543/
47 https://pubmed.ncbi.nlm.nih.gov/2836348/
48 https://pubmed.ncbi.nlm.nih.gov/22889895/
49 https://pubmed.ncbi.nlm.nih.gov/28507982/
50 https://pubmed.ncbi.nlm.nih.gov/22538314/
51 https://pubmed.ncbi.nlm.nih.gov/28229641/
52 https://www.euroweeklynews.com/2021/03/15/lebanon-introduces-worlds-first-hospital-serving-only-vegan-food/
53 https://www.sciencedirect.com/topics/engineering/acute-inflammation
54 https://www.ncbi.nlm.nih.gov/books/NBK493173/
55 Sources for footnotes:https://www.bda.uk.com/resource/british-dietetic-association-confirms-well-planned-vegan-diets-can-support-healthy-living-in-people-of-all-ages.html
https://pubmed.ncbi.nlm.nih.gov/19562864/
https://pubmed.ncbi.nlm.nih.gov/12778049/
56 Sources:https://nutritionstudies.org/the-china-study-3-lessons-we-need-to-know/https://pubmed.ncbi.nlm.nih.gov/9860369/ andhttps://www.pnas.org/content/115/15/3804

04 - NUTRICIÓN COMPLETA

1 https://www.drmcdougall.com/
2 https://www.drfuhrman.com/
3 https://medlineplus.gov/ency/article/002222.htm
4 https://www.ncbi.nlm.nih.gov/books/NBK56068/table/summarytables.t4/?report=objectonly
5 http://www.whfoods.com/genpage.php?tname=foodspice&dbid=79
6 https://www.huffingtonpost.co.uk/entry/beyond-meat-impossible-burger-healthy_l_5d164ad1e4b07f6ca57cc3ed
7 https://www.huffingtonpost.co.uk/entry/beyond-meat-impossible-burger-healthy_l_5d164ad1e4b07f6ca57cc3ed
8 http://www.whfoods.com/genpage.php?tname=foodspice&dbid=52
9 http://www.whfoods.com/genpage.php?tname=foodspice&dbid=56
10 http://www.whfoods.com/genpage.php?tname=foodspice&dbid=58
11 http://www.whfoods.com/genpage.php?tname=foodspice&dbid=142
12 http://www.whfoods.com/genpage.php?tname=foodspice&dbid=98
13 http://www.whfoods.com/genpage.php?tname=foodspice&dbid=84
14 http://www.whfoods.com/genpage.php?tname=foodspice&dbid=11
15 http://www.whfoods.com/genpage.php?tname=foodspice&dbid=20
16 http://www.whfoods.com/genpage.php?tname=foodspice&dbid=81
17 http://www.whfoods.com/genpage.php?tname=foodspice&dbid=53
18 http://www.whfoods.com/genpage.php?tname=foodspice&dbid=128
19 http://www.whfoods.com/genpage.php?tname=foodspice&dbid=9
20 http://www.whfoods.com/genpage.php?tname=foodspice&dbid=45
21 http://www.whfoods.com/genpage.php?tname=foodspice&dbid=122
22 http://www.whfoods.com/genpage.php?tname=foodspice&dbid=38
23 http://www.whfoods.com/genpage.php?tname=foodspice&dbid=62
24 https://www.huffingtonpost.co.uk/entry/beyond-meat-impossible-burger-healthy_l_5d164ad1e4b07f6ca57cc3ed
25 https://www.ncbi.nlm.nih.gov/books/NBK22436/
26 https://www.ncbi.nlm.nih.gov/pubmed/17921363
27 https://pubmed.ncbi.nlm.nih.gov/28462631/
28 https://www.nature.com/articles/1602940
29 https://www.medicalnewstoday.com/articles/319176#what-are-the-benefits-of-fiber
30 https://www.helpguide.org/articles/healthy-eating/high-fiber-foods.htm
31 https://www.pcrm.org/good-nutrition/nutrition-information/fiber
32 https://www.pcrm.org/good-nutrition/nutrition-information/the-carbohydrate-advantage
33 https://www.health.harvard.edu/heart-health/how-its-made-cholesterol-production-in-your-body
34 https://pubmed.ncbi.nlm.nih.gov/27784848/
35 https://www.fda.gov/media/135274/download
36 https://pubmed.ncbi.nlm.nih.gov/31442459/
37 https://www.iarc.who.int/featured-news/media-centre-iarc-news-glyphosate/
38 https://en.wikipedia.org/wiki/Canola_oil
39 https://www.ncbi.nlm.nih.gov/pmc/articles/PMC3335257/
40 https://www.pcrm.org/good-nutrition/nutrition-information/lowering-cholesterol-with-a-plant-based-diet
41 https://www.nih.gov/news-events/news-releases/nih-human-microbiome-project-defines-normal-bacterial-makeup-body
42 https://pubmed.ncbi.nlm.nih.gov/32432868/
43 Mao, Q., Manservisi, F., Panzacchi, S., Mandrioli, D., Menghetti, I., Vornoli, A., Hu, J. (2018). The Ramazzini Institute 13-week pilot study on glyphosate and Roundup administered at human-equivalent dose to Sprague Dawley rats: effects on the microbiome. Environmental health: a global access science source, 17(1), 50. doi:10.1186/s12940-018-0394-x -https://www.ncbi.nlm.nih.gov/pmc/articles/PMC5972442/
44 https://ods.od.nih.gov/factsheets/Omega3FattyAcids-Consumer/
45 https://www.cochranelibrary.com/cdsr/doi/10.1002/14651858.CD003177.pub3/full
46 https://pubmed.ncbi.nlm.nih.gov/29355094/
47 https://www.jandonline.org/article/S2212-2672(13)01113-1/fulltext
48 https://rarediseases.org/rare-diseases/anemia-megaloblastic/
49 https://pubmed.ncbi.nlm.nih.gov/18606874/
50 https://www.vegansociety.com/resources/nutrition-and-health/nutrients/vitamin-b12
51 https://www.doctorklaper.com/
52 https://www.ncbi.nlm.nih.gov/pmc/articles/PMC3449318/
53 https://www.hsph.harvard.edu/nutritionsource/calcium/
54 http://www.whfoods.com/genpage.php?tname=nutrient&dbid=45
55 Le CH. The prevalence of anemia and moderate-severe anemia in the US population (NHANES 2003-2012). PLoS One. 2016 Nov 15;11(11):e0166635.https://journals.plos.org/plosone/article?id=10.1371/journal.pone.0166635
56 Nadia M. Bastide, Fabrice H.F. Pierre and Denis E. Corpet. “Heme Iron from Meat and Risk of Colorectal Cancer: A Meta-analysis and a Review of the Mechanisms Involved.” Cancer Prev Res February. (2011): 177-184.
57 https://ods.od.nih.gov/factsheets/Iron-HealthProfessional/
58 http://www.whfoods.com/genpage.php?tname=nutrient&dbid=70
59 https://ods.od.nih.gov/factsheets/Zinc-HealthProfessional/
60 https://www.mja.com.au/journal/2013/199/4/zinc-and-vegetarian-diets
61 https://ods.od.nih.gov/factsheets/Zinc-HealthProfessional/

62 http://www.whfoods.com/genpage.php?tname=nutrient&dbid=115
63 https://pubmed.ncbi.nlm.nih.gov/15971062/
64 https://www.bmj.com/content/356/bmj.i6583
65 https://pubmed.ncbi.nlm.nih.gov/21310306/
66 https://ods.od.nih.gov/factsheets/VitaminD-HealthProfessional/
67 https://ods.od.nih.gov/factsheets/VitaminD-HealthProfessional/
68 https://www.bbc.com/news/health-57968651
69 https://pubmed.ncbi.nlm.nih.gov/9787730/
70 https://pubmed.ncbi.nlm.nih.gov/32788355/
71 https://www.nature.com/articles/s41591-020-01209-1

05 - CUATRO PASOS PARA SER VEGANO

1 https://foodrevolution.org/blog/plant-based-yogurt/?utm_source=sfmc&utm_medium=email&utm_campaign=blo-2021&utm_content=plant-based-yogurt
2 333
3 https://www.healthline.com/health-news/quitting-junk-food-produces-similar-withdrawals-as-drug-addiction#What-junk-food-does-to-your-brain andhttps://www.sciencedirect.com/science/article/abs/pii/S0195666318306196
1 2 https://www.psychologytoday.com/us/blog/animals-and-us/201412/84-vegetarians-and-vegans-return-meat-why

06 - COMER EN CASA, COMER FUERA, SALIR

1 https://vegnews.com/2021/5/vegan-meal-kits
2 DeGeneres, Ellen - The Funny Thing Is... (2003)
3 https://www.researchgate.net/publication/317768313_Discrimination_Against_Vegans
4 https://journals.sagepub.com/doi/abs/10.1177/1368430215618253
5 https://journals.sagepub.com/doi/abs/10.1177/1368430215618253

07 - MÁS ALLÁ DE LA DIETA

1 https://www.peta.org/features/expert-quotes-reasons-animal-testing-unreliable
2 https://www.peta.org/features/expert-quotes-reasons-animal-testing-unreliable
3 https://www.unep.org/news-and-stories/story/putting-brakes-fast-fashion
4 https://www.worldwildlife.org/stories/the-impact-of-a-cotton-t-shirt
5 de Janvry, Alain; McIntosh, Craig; Sadoulet, Elisabeth (July 2015). “Fair Trade and Free Entry: Can a Disequilibrium Market Serve as a Development Tool?”. The Review of Economics and Statistics. 97 (3): 567–573. doi:10.1162/REST_a_00512. S2CID 27543341. Andhttps://en.wikipedia.org/wiki/Fair_trade_debate
6 https://bcorporation.net/
7 https://grist.org/article/nasas-james-hansen-on-hacked-emails/
8 https://www.nestle.com/aboutus/overview/ourbrands
9 https://www.coca-colacompany.com/brands

08 - 11 SECRETOS PARA MANTENERTE MOTIVADO

1 https://www.brainyquote.com/topics/secret-quotes
2 https://www.brainyquote.com/topics/secret-quotes
3 https://www.brainyquote.com/topics/secret-quotes
4 https://winstonchurchill.org/resources/quotes/page/3/
5 https://www.goodreads.com/work/quotes/100074-d-o-d-j-ng
6 https://kidadl.com/articles/open-minded-quotes-to-open-yourself-up-to-the-world
7 https://kidadl.com/articles/open-minded-quotes-to-open-yourself-up-to-the-world
8 https://kidadl.com/articles/open-minded-quotes-to-open-yourself-up-to-the-world
9 https://en.wikipedia.org/wiki/John_Quincy_Adams
10 https://libquotes.com/neal-d-barnard/quote/lbx9r7i
11 https://www.goodreads.com/author/quotes/149151.Francis_of_Assisi
12 https://www.greatsayings.net/sayings-about-not-giving-into-temptation/
13 https://healingwithplants.us/2018/02/former-president-bill-clinton-healed-heart-disease-with-a-plant-based-diet
14 https://getlighthouse.com/blog/john-wooden-quotes-leadership-manager/
15 https://www.growthengineering.co.uk/55-quotes-about-learning/
16 https://www.growthengineering.co.uk/55-quotes-about-learning/
17 https://www.futurekind.com/blogs/vegan/10-vegan-celebrities
18 https://www.garyfox.co/inspirational-quotes/
19 https://www.azquotes.com/quote/811759
20 https://www.futurekind.com/blogs/vegan/10-vegan-celebrities
21 https://www.garyfox.co/inspirational-quotes/
22 https://www.goalcast.com/socrates-quotes
23 https://elated.co.za/vegan-quotes/
24 https://www.garyfox.co/inspirational-quotes/
25 https://www.azquotes.com/author/19347-Colleen_Patrick_Goudreau
26 @lizzo/tiktok

09 - PENSAMIENTOS FINALES

1 https://www.euronews.com/2020/04/01/the-best-way-prevent-future-pandemics-like-coronavirus-stop-eating-meat-and-go-vegan-view
2 https://www.ncbi.nlm.nih.gov/pmc/articles/PMC7721435/
3 https://pubmed.ncbi.nlm.nih.gov/31728489/
4 https://www.worldwatch.org/node/6294 andhttps://mercyforanimals.org/blog/this-new-study-is-further-proof-that-going/
5 https://ireland-calling.com/george-bernard-shaw-quotes-vegetarianism/
6 https://www.goodreads.com/quotes/13287-you-see-things-you-say-why-but-i-dream-things

12 - ANEXOS

1 Information sourced fromhttps://nutritiondata.self.com/
2 Info sourced fromhttp://www.whfoods.com andhttps://nutritiondata.self.comhttps://www.goodreads.com/quotes/13287-you-see-things-you-say-why-but-i-dream-things

Made in the USA
Columbia, SC
29 April 2025

57304069R00124